京大人文研東方学叢書 2

赤い星は如何にして昇ったか

知られざる毛沢東の初期イメージ

石川禎浩 著

臨川書店

目次

中国語版の『中国の赤い星』（『西行漫記』一九三八年刊）に付されていた地図
長征の行程がかき込まれている

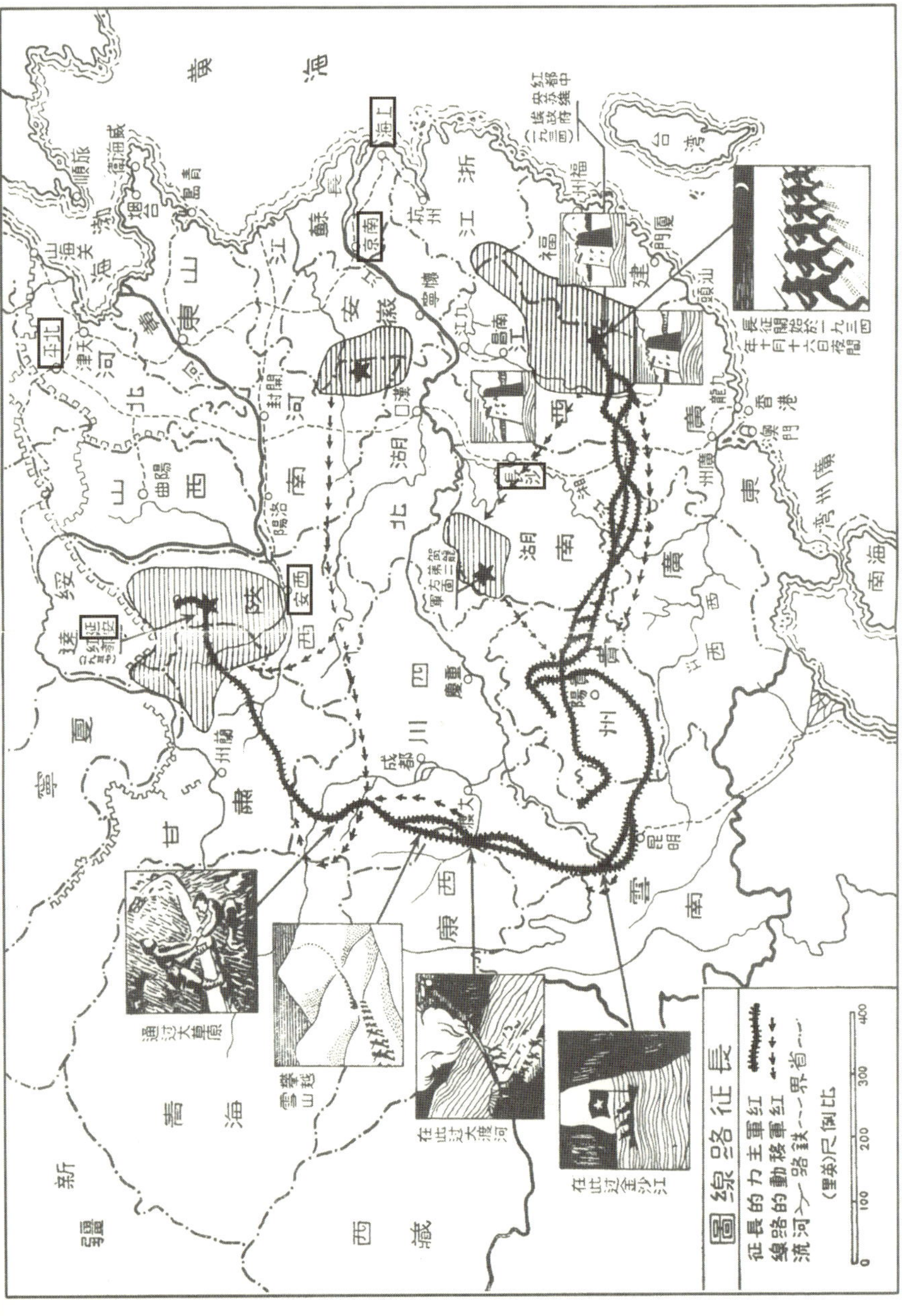

はじめに――謎の毛沢東像

政府の出す官報は、法律や政令などの公布手続きの一環として刊行されるものだから、無味乾燥で、味わいというものが全く感じられない。もっとも、官報に遊び心や味わいがあったりしては、逆に困るだろうが……。だが、ごくまれにだが、この「国の広報誌」には、妙に面白い情報が載ったりする。戦前の官報の附録に掲載された毛沢東の肖像写真などは、その最たるものといってよいだろう。

図1　『週報』に掲載された「毛沢東」

官報に週に一度、その名も『週報』なる附録がついていた一九三七年八月に、誌面にあらわれたのが**図1**の写真である。キャプションには、「中華ソヴィエト人民共和国中央政府主席　毛沢東」とある。何と、これが毛沢東だというのである。どう見ても、革命家というよりは、むしろブルジョアジー、あるいはどこかの会社の社長さんである。何をどう間違えたのか。まじめ一本の秀才が急にとんまなジョークを口にしたようで、何ともおかしいではないか。

この写真が掲載されているのは、『週報』四四号（八月十八日付）の「支那共産軍を語る」という中国共産党とその軍の最新動向にかんする記事で、執筆者は「外務省情報部」となっている。当時の外務省情報部というのは、内外への「広報・宣伝」を主な業務とする部署である。「情報部」という字面から、外国の機密情報を収集する諜報組織のような印象を持たれるかも知れないが、それとはやや性格を異にする。とは言っても、外に向けては日本の外交姿勢を、また内に向けては外国事情を、それぞれ責任をもって発信する部局として、外国情報の収集に力を入れていたことは言うまでもない。

時あたかも、一カ月前の盧溝橋《ろこうきょう》事件によって始まった「事変」という名の戦争が、上海にも拡大して全面化しつつあった。その危急の時、外国情報の正確な把握と発信をむねとすべき外務省の広報部門が、よりによって政府の刊行物に発表した記事に、こんな毛沢東像をつけたということになる。そこらの三流雑誌に載ったのなら冗談で済まされようが、附録とは言え官報なのだから、わけが違う。今なら間違いなく、噴飯ものの記事としてメディアの嘲笑を買い、国民のやり玉にあがるところであろう。外国情報収集のプロがこのざまとは、と。

ところが、当時この太っちょ毛沢東像を問題視して、抗議した者はいなかった。たいがいの日本人は、毛がどんな容貌の人間なのか、知らなかったからである。今日の私たちがこの写真を見て笑えるのは、毛がその後に中国革命の偉大なる指導者として有名になり、かれの写真や肖像を嫌というほど見てきたからにほかならない。つまりは、後に生まれた人間が昔の人の無知を笑っているに過ぎないわけである。

一九三七年八月、日本だけでなく、中国のほとんどの人も、毛がどんな人物なのか知らなかったし、

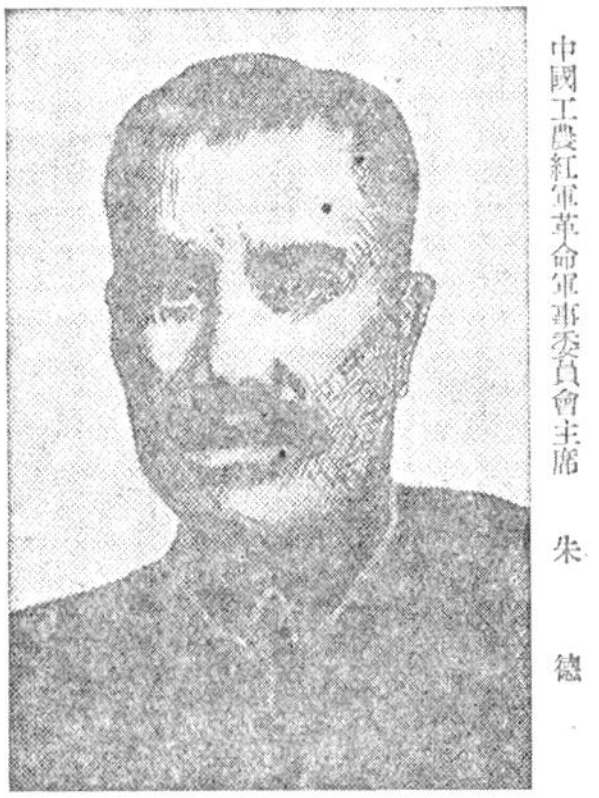

図2　『週報』に掲載された「朱徳」

図3　1937年当時のホンモノの朱徳

さらには中国共産党（以下、適宜「中共」「共産党」と略す）についても、信じるに足る情報など、持ち合わせてはいなかった。共産党を目の敵にして、徹底的に弾圧していた当時の中国政府（南京国民政府）が共産党にかんする報道や紹介を厳しく規制したためである。共産党は「共匪《きょうひ》」（「共産」の名を借りる賊徒ども）、「赤匪《せきひ》」（「赤色帝国主義」ソ連に操られる無法者）と呼ばれる極悪組織だった。毛も「匪酋《ひしゅう》」、つまりは一味の頭目とされたものの、その経歴も姿形もすべては謎だった。

共産党の率いる軍隊、すなわち紅軍の最高司令官として、毛と二人三脚で活躍した人物に朱徳《しゅとく》という軍人がいる。かれと毛の二人の姓を合わせた「朱毛」という呼称が、あたかも一人の義賊の名のように広まって、紅軍の代名詞になったほどだが、その朱徳とて、謎の頭目であるということでは、毛と同様だった。『週報』の「支那共産軍を語る」に、太っちょ毛沢東と並んで掲げられている「中国工農紅軍革命軍事委員会主席　朱徳」の肖像画（**図2**）を見れば、かれ――参考のために、一九三七年当時の本人の写真を図3として掲げよう――もまた、当時は謎に包まれていたことが知れる。この肖像が、果たして朱徳かどうかは、本書でおいおい明らかにしていくつもりだが、ぱっと見の風貌は恐ろしげな荒くれ者で、見ようによっては、フランケンシュタインの怪物に似ていないこともない。

エドガー・スノーの功績

先にも述べたが、私たちが『週報』掲載の肖像を見て面白がれる、あるいは別人だと判断できるのは、毛にしても朱にしても、かれらがやがて世に広く知られ、さらにその後に天下をとったからである。かれらの共産党が、盧溝橋事件ののち、蔣介石《しょうかいせき》の率いる中国国民党と手を組んで抗日戦争を戦い、その戦後には国民党との内戦に勝利して、中華人民共和国を打ちたてたこと、そして北京の天安門に今でも毛の肖像画が掛けてあることは周知のとおりである。では、そもそも毛の素顔や経歴を初めて世界に紹介したのは誰か。ホンモノの毛の写真を撮って、それを広めたのは誰か。言うまでもなく、アメリカ人ジャーナリストのエドガー・スノー（Edgar Snow, 1905–72　図4）とその著書『中国の赤い星』（*Red Star over China*, 1937 & 1938）である。

一九三六年夏、謎に包まれていた共産党の活動とその指導者たちを取材するため、西安から陝西省北部の革命根拠地――「赤い中国」に入ることに成功したスノーは、三カ月の取材を認められ、その間に毛をはじめとする共産党の首領たちの写真を撮るのみならず、半生に関する毛の自述を聞き出すという幸運に恵まれた。毛の自伝を含むその取材の成果として、一九三七年秋にイギリスで、そして翌年初めにアメリカで刊行され、ベストセラーとなったのが『中国の赤い星』（以下、本書では適宜『赤い星』と略称する）である。この傑作ルポルタージュによって初めて世界に知られた共産党の首領たちの素顔と歴史、毛沢東自伝や「長征」伝説、そして共産党根拠地に暮らす人々の生き生きとした姿は、同書の出版当時から大きな驚きをもって世界の読者に迎えられた。

毛の伝記は今日に至るまで、本家の中国をはじめとして、山のように執筆されている。それらは精緻な研究からウソ八百のデタラメ本まで、それこそ玉石混淆だが、毛を称える伝記もそしる伝記も、かれの生い立ちや青少年時代までの歩みにかんしては、どれもみなスノーの『赤い星』の記述に依拠している。著者の立場によってエピソードを膨らませたり、ゆがめたりすることもあるし、そうして改変されたエピソードが次から次に孫引きされる間に、さらに尾ひれがつくこともあるが、元をたどれば、結局たいがいは『赤い星』に行き着く。というのは、毛はスノーの取材ののち、まとまった自伝を他に残さなかったからである。『赤い星』が貴重なのは、まさにその自伝が唯一無二であるところにある。

図４　陝北取材当時のエドガー・スノー

また、毛の肖像写真についても、スノーは決定版とも言える写真を撮り、いち早くそれを発表して世界を驚かせた。

図5　スノー撮影の毛沢東

図6　スノー撮影の毛沢東

スクープ写真と言ってよかろう。今の私たちにおなじみの毛の肖像と言えば、北京の天安門に掲げてあるものだが、あれは国家指導者となった後の肖像であって、初めて世に出た写真は**図5**、**図6**の二枚、いずれもスノーが一九三六年の取材のさいに撮影したものである。特に紅軍の帽子をかぶった精悍な顔立ちの図6は、若き日の毛の写真として、今もお守りやステッカーなど、いわゆる毛沢東グッズに登場する頻度も高いので、見覚えのある方も多かろう。つまりは、私たちが若き日の毛のイメージを持てるのは、ひとえにスノーの取材のおかげなのである。

『赤い星』以前

本書が紹介するのは、その『中国の赤い星』が刊行され、世に知られるまでの毛のイメージや伝記的情報であり、そして『赤い星』の刊行によって、それらが根本的にくつがえされていくいきさつである。むろん、『赤い星』の刊行をはさんで、毛沢東という人間自体が様変わりするはずはない。だが、かれを取り巻く外界のイメージは、その前と後で一変したと言ってよい。それはちょうど、時代の寵児が「ある朝、起きたら、自分は有名になっていた」というのに似ているかもしれない。だが、スノーによって紹介される以前に、毛に関するイメージがどのようなものだったかについては、全くと言っていいほど知られていない。見るべき研究もない。

むろん今では、毛の伝記的事象――いつ、どこで、何をしたか――は、一九三六年（当時毛は四十三歳）以前に関しても、非常に細かいことまでわかっていて、中国で刊行された公式の『毛沢東年譜』（全九巻）だと、スノーが取材した同年夏までで五五〇ページもある。その詳しさも半端ではない。試みに毛が二十三歳だった一九一六年を例にすれば、かれが友人に借りた雑誌名やその号数、借りた相手、借りた日にちが――むろん、すべてではないが――判明するし、在学中だったかれが帰省した期日も調査・解明されている。さすがは毛沢東、さすがは中国、恐るべしである。だが一方、偉大な革命家として認知される以前、かれが時々にどう報道されたか、あるいはかれに関する伝記や肖像といったイメージがどのようなものだったかについて、年譜はほとんど触れるところがない。むろん、一九三七年の日本の官報に、毛とは似ても似つかぬトンデモ写真が掲載されたなどという、ある意味で「トリビア」な事柄は、書いてあるはずもない。

本書が前半で扱うのは、この巨人をめぐって膨大な量の出版物、ビジュアル作品、グッズを生み出してきた本場中国の人々も学者も――あるいは毛本人も――恐らくは見たことも、聞いたこともない毛沢東である。先に紹介した『中国の赤い星』を比喩に使えば、「赤い星以前」の毛沢東ということになろうし、いま一冊の名著になぞらえれば、「赤い星は如何にして昇ったか」をイメージの面から探究するものだと言うことができる。実は本書のタイトル「赤い星は如何にして昇ったか」は、その挑戦的な毛沢東研究で尊敬を集め、二〇一一年十二月二十六日(奇しくも毛の誕生日)に、五十七歳の若さで世を去った中国の歴史学者・高華《こうか》教授の代表作『赤い太陽は如何にして昇ったか(紅太陽是怎様昇起的)』のひそみにならったものである。同書は毛が共産党の絶対的指導者となる過程を、一九四〇年代前半に同党の本拠が置かれていた陝西省北部の延安《えんあん》で推進された思想教育キャンペーン(延安整風)に焦点をあてて描き出した学術書の傑作であるが、そのタイトルは言うまでもなく、人民共和国での毛のメタファーたる「赤い太陽」を踏まえる。

スノーにせよ、高華氏にせよ、筆者にしてみれば、ともに高き山のごとく仰ぎ見る存在だから、その名著の威を借るがごときタイトルやフレーズを用いるのは畏れ多いが、ここは両名著とその著者を追慕するオマージュということで許してもらおう。もしも、本書によって、その両氏もあるいは知らなかっただろう毛の初期のイメージや伝記記事を発掘し、時に奇妙で、時におかしなイメージや伝記が如何に形成され、如何に加工され、如何に定着した(しなかった)のかを描き出すことができれば、毛をよく知る両氏も、「なるほど、そうであったか!」と許してくれるかも知れない。

そして何よりも、毛の初期イメージの形成、展開の過程をあきらかにすることは、わたしたちの知っているさまざまな情報や知識やイメージが——毛にせよ、ほかの歴史人物にせよ、また正しいにせよ、ゆがんでいるにせよ、さらには間違っているにせよ——歴史的に形成されたものであることを再認識することにつながるだろう。歴史的に形成されたとは、過去のある段階において、その時代特有の認識（誤認）にもとづく加工や整理、さらには改変・改竄を経て形作られるという意味である。この本を読んで下さる読者諸氏に、毛イメージ生成の歴史性を再認識してもらえるとすれば、本書は泉下のスノーや高華氏を感心させるという空想じみた願望を超える貢献をすることができるだろう。

『赤い星』以後

一方、本書の後半は、毛イメージの生成に決定的役割を果たした『中国の赤い星』の取材とその出版後の状況に光を当て、『赤い星』の各種版本（英語、中国語版、ロシア語版、日本語版）を検討する。『赤い星』自体の知名度とは対照的に、この本のもとになった取材活動に関しては、冒険型潜入取材であるかのようなイメージが流布してしまい、正確なところがあまり知られていないのが現実である。例えば、スノーは「赤い中国」に単身潜入したのではないということは、専門家でも誤解していることが多い。

また、『赤い星』のその後についても、かつて革命中国理解のバイブルとまで謳われたこの名著は、今やその価値を失ったというようなことが取りざたされる。それどころか逆に、スノーはまんまと毛と中共の計略にはまり、その宣伝工作に利用されたのだという悪評すらまかり通っている。その代表的なものが、ひところ世を騒がせたユン・チアンの『マオ――誰も知らなかった毛沢東』（Jung Chang & Jon Halliday, *Mao: The Unknown Story*, 2005）である。『マオ』の信憑性については、現代中国研究の大家アンドリュー・ネイサン氏がその書評で、ヒスイとプラスティックの比喩を使って、そのまがいものぶりを看破してくれたが、そんな真面目な論評など目に入らない野次馬的ジャーナリストにも支えられて、同書はなおも多くの信者を有している。『マオ』の矛先が、毛のお先棒を担いだジャーナリストとして、スノーにも向けられている以上、『赤い星』を扱う本書としては、『マオ』のそうした誹謗がまっとうなものかどうかを検討しないわけにはいかない。そして、それがまっとうでない場合は、『マオ』によってゆがめられ、覆い隠されてしまったスノーの取材の経緯や背景、そして『赤い星』の読まれ方を、きちんとした歴史学の手法であきらかにしなければならない。

よく考えれば、『赤い星』に書いてあることが真実か否かについての議論は多いものの、この本が時代や国、体制によって、どのように扱われてきたのかが、まともに検討されたことはないように思われる。本書では、英文原書の版本を比較することによって、同書の成書過程やスノーのそれぞれの時期の立場や考えの変遷をあと追い、必ずしも称賛一色ではなかった同時代の評価を紹介する。また、『赤い星』の内容に深い関わりを有する中国、ソ連、日本で、この名著がどのように扱われたのかを掘り下げることによって、同書の翻訳や出版がそれらの国や体制の変遷を見事に映し出す鏡となることを示すつもりである。人民共和国では、長らく『赤い星』が事実上の禁書とされた、あるいはロシア語完訳は結局は出版されなかったというような不可思議な事態は、多くの読者には意外なことだろう。

一冊の本をめぐってこのようなドラマが生まれるのは、まさにその本が、読者は言うに及ばず、取材や出版、翻訳にかかわった多くの者の運命を変えるほどの影響力を持った「名著」だからである。名著は往々にして著者の思惑を離れて一人歩きするが、時代や国、体制の変遷を映し出す鏡になることのできる本は、名著の中でもごく一握りである。『赤い星』は、そのように扱われるのにふさわしい名著だと言ってよいだろう。以上をまとめれば、本書が後半で扱うのは、毛沢東自身がスノーによってどのように描かれたか——つまり、『赤い星』の内容紹介——ではなく、『中国の赤い星』という書物が如何に書かれ、如何に修正され、如何に翻訳されたか、つまり『赤い星』という書物は、如何に立ち現れ、名著の高みへと昇っていったのかという物語である。

なお、『赤い星』を読んだことのない人も多い近年の状況に鑑みれば、同書の内容や構成自体について、ひとわたり説明をしなければならないのかも知れないが、一方で紙幅に限りがあり、他方で妙に要約しても、中途半端な内容紹介にしかならないので、行論のその場その場で最小限の記述をするにとどめることにする。この点、あらかじめご了承願いたい。では、時間をさかのぼる旅に出発である。まずは、知られざる毛沢東の若き日のイメージを探しに行こう。

第一章　知られざる革命家

第一節　毛沢東その人

前半生

最初に、本書の主役たる毛沢東の経歴をざっと紹介しておこう。そもそも略歴すらわからないようであれば、かれをめぐって生み出された初期の奇妙なイメージの面白さやツボがつかめないからである。ひとまず一九四九年（中華人民共和国建国）までの略歴を書き出してみよう。ただ、煩雑になるのを避けるため、『中国の赤い星』が刊行された一九三七年以降のことがらは、簡単に触れるのみとする。

毛沢東、字は潤之《じゅんし》、一八九三年十二月二十六日に湖南省湘潭《しょうたん》県韶山《しょうざん》の農民毛貽昌《もういしょう》と母・文素勤《ぶんそきん》の子として生まれる。二人の弟（沢民《たくみん》と沢覃《たくたん》）がおり、共に共産党員となったが、革命活動の過程で命を落としている。その才覚と勤勉ぶりで、貧農から富農、小地主にまでなりあがった厳格な父によって、毛は子供のころから野良仕事や帳簿付けなどをさせられながらも、さまざまな書物をむさぼり読んで、中国の衰退に強い危機感をもった。その旺盛な知識欲を満たすために、一九一〇年に郷里を離れて新式の学校に進んだのち、辛亥革命のさいに一時軍隊に身を投じるという経験を挟んで、長沙にあった湖南省立第一師範学校に学ぶ。元来が中国の変革を志していたかれは、その在学中から湖南での政治運動や新文化運動に積極的に加わっていくようになる。一九一七年には、新文化運動の旗手・陳独秀《ちんどくしゅう》主編の雑誌『新青年』にも寄稿している。

一九一九年の五四運動をはさんで、北京・上海などを遊歴して見聞を広め、その間に北京大学に図書館の職員補佐として勤務したこともある。やがて次第に社会主義思想に傾倒、陳独秀の面識を得て共産党員となった。一九二一年七月には、上海で行われた中国共産党の第一回党大会に湖南代表として参加、まさに最初期からの共産党員である。結成当時の党員は、全国でわずかに五十人余り。今日、九千万に近い党員を擁する巨大政党の紆余曲折に満ちた歩みの始まりだった。

その紆余曲折の最初が、孫文《そんぶん》の率いる中国国民党と共産党が提携したことである。中国では、社会主義革命は時期尚早ゆえ、民族革命を行う国民党を支援せよというコミンテルンの指示があったためである。史上、これを国共合作（一九二四～二七）と称する。毛も上海、広州などで国民党の活動に積極的に従事し、同党の要職（候補中央執行委員、宣伝部長代理）をいくつか歴任した。一九二五年の孫文の死を経て、翌年から二七年まで国民革命軍（総司令は蔣介石）による北伐が展開する中、毛は農民運動の指導に当たった。後に農民革命の指導者として知られるようになる素地はこのあたりにある。この時期のかれの代表的著作が、北伐軍に呼応して一九二六～二七年に燃えさかった湖南・湖北の農民運動を、その「過火《いきすぎ》」を含めて称賛した「湖南農民運動考察報告」（一九二七年発表）である。

その後、国共合作体制は一九二七年四月の蔣介石《しょうかいせき》による反共クーデター（上海政変）などを機に崩壊、両党は一転して敵対関係に入った。中共はコミンテルンの命を受け、陳独秀らそれまでの指導部を更迭した上で、各地で武装蜂起を起こす方針転換を行った。以後、蔣介石ら国民党の南京国民政府による弾圧と全国統一に、共産党が激しく抵抗する内戦がほぼ十年間続くことになる。毛は一九二七年秋に蜂起した共産党系部隊を率いて、湖南・江西の省境にある山岳地帯（井崗山《せいこうざん》）に入り、翌年にそこに合流してきた朱徳の部隊と力を合わせて、武装割拠による革命根拠地の建設にあたった。いわゆる毛沢東の農村ゲリラ戦といわれるものである。

党指導者への道

江西省南部を中心に根拠地を拡大していった共産党と麾下の軍隊（紅軍）は一九三一年十一月、瑞金《ずいきん》に中華ソヴィエト共和国臨時政府を樹立、毛沢東が政府主席に就任した。ただし、国民党の弾圧のために上海にいられなくなった共産党の指導部がこの根拠地に移転してくると、実践活動の成功者ではあるものの、オレ流のやり方が目立つ毛は、次第に党の中枢から排除されるようになっていく。一方、蔣介石がそれまで数次にわたって実施してきた共産党根拠地への包囲討伐を強化したこともあり、それに抗しきれなくなった紅軍は、一九三四年秋についに江西の根拠地を放棄して、大がかりな移動を始めた。いわゆる「長征」である。紅軍敗北の責任を総括するため、貴州省遵義《じゅんぎ》で開かれた党の会議（地名にちなんで遵義会議と称される）において、毛は自分を疎外した者たちの方針を批判して復権、党の指導部に返り咲いてのち、長征軍を何とか陝西省北部まで導き、壊滅の危機から党を救ったとされる。毛がスノーの取材を受けたのは、この長征が終わって間もなくのことである。

西安事変を挟んで一九三七年に日本との戦争（抗日戦争）が始まると、共産党は国民党と関係を改善（第二次国共合作）、自らの根拠地・軍を国民政府の特別行政区・軍（八路軍）に改編して、日本と戦った。毛は持久戦論を執筆して日本との戦いを展望するとともに、国民党が共産党への警戒、さらには封鎖を強めると、共産党の独自性を強調してそれにも抵抗した。これと並行して党内でも思想的、組織的統一をはかる「整風」運動を展開し、その過程で周恩来《しゅうおんらい》ら他の党指導者を完全にしのぐ最高指導者の地位を確立した。一九四三年三月には、毛が党内で最終決定権を持つことが承認され、五月にはそれまで中共の活動を指導してきたコミンテルンが解散を決定、かくて毛の指導権は絶対的なものとなり、「毛沢東思想」を党の指導思想だと明文化する決定が一九四五年の党第七回大会で採択された。

日本降伏後、毛は蔣介石と会談を持つなど、いったんは国民党との話し合いをしたものの、国共の溝は深く、両党は一九四六年より再び本格的に内戦に突入、毛の指揮する中共軍（今日の人民解放軍）はこの内戦に勝利して、国民党の政権を台湾に追いやり、一九四九年十月に北京を首都とする中華人民共和国を建国した。当時、中共中央主席の地位にあった毛は、この新国家の中央人民政府主席に就任して「新中国」の舵取りに当たっていくことになる。ちなみに、この年の末に国家指導者としてソ連に赴くまで、毛は外国に行ったことは一度もなかった。これは同時代の中国の知識人や政治家の中でも、あるいは共産党の指導者たちの中でも、きわめて例外的である。外国語も学生時代に少し英語を学んだ程度で、基本的には中国語しかできなかったと言ってよい。

毛の家族

最後に家族について記せば、毛は四度結婚している。最初の結婚（一九〇七年）は親の取り決めによるもので、近郷の年上の女性（羅一秀《らいっしゅう》、一九一〇年病死）と。二度目は、一九二〇年に学生時代の恩師・

図7　賀子珍と毛沢東（スノー撮影）

楊昌済《ようしょうさい》の娘（楊開慧《ようかいけい》、一九三〇年死去）と。三度目は楊を実家に残したまま、中共軍と共に農村を転戦していた一九二八年に、現地の女性活動家（賀子珍《がしちん》、一九八四年死去）と。そして最後は、関係が破綻した賀子珍が病気療養のため訪ソした一九三八年に、革命運動に投ずべく延安にやってきた元女優（江青《こうせい》、一九九一年死去）と、この時は多くの党幹部の反対を押し切って結婚した。江青については、「この時、反対の声に毛が耳を傾けていれば……」と言う声があるほど、その後、特に文化大革命で悪名を馳せることになるのは、周知の通りである。子女については、夭逝などを除けば、楊開慧との間に岸英《がんえい》（一九二二～五〇）、岸青《がんせい》（一九二三～二〇〇七）、岸龍《がんりゅう》（一九二七～三一）の三男を、賀子珍との間に李敏《りびん》（女、一九三六～）、江青との間に李訥《りとつ》（女、一九四〇～）をもうけている。したがって、スノーが一九三六年夏に陝北で取材した時に、夫人として毛と一緒に写真（**図7**）に収まっているのは、三番目の賀子珍である。

　こうした毛の家族については、人々の世俗的好奇心を背景に、比較的確かなものからそれこそ怪しげなものまで、近年の中国ではたくさんの「毛沢東の家族たち」本が出ていて、いとこや甥っ子、姪っ子、妻の実家の人々まで、よくぞここまでと感心するほど細かく調べられている。もっとも、こうしたプライベートなことがわかるのも、毛が偉大な指導者になったからであって、スノーが取材するまでは、一九三〇年に楊開慧が捕まり処刑されたさい、新聞に出た「毛沢東の妻、昨日銃殺」という小さい記事が、毛の家族に関するほぼ唯一の報道だった。

第二節　中国政界情報誌の毛沢東伝——中国初の毛沢東伝

国民党員としての活躍

共産党とその軍隊が湖南・江西・福建などの農村を舞台に暴れ回っていた一九三〇年代初め、中国の多くの人にとって、「毛沢東」は、その名はとどろけども姿の見えない、ある種神秘的な存在であった。しかし、共産党を不倶戴天の敵としていた中国国民党の指導者たちにとって、「毛沢東」は決して見ず知らずの人間ではなかった。前節の経歴紹介で言及したように、共産党が国民党と提携(国共合作)していた時期、つまり一九二四年から三年ほどの間、毛は他の中共党員と同じく、国民党にも加入していたからである。

一九二〇年代の国共合作は、共産党員が国民党にも加入するという変則的な方式であった。当時の共産党はできたばかりで、孫文率いる老舗の国民党に比べてずっと小さかったというのが、その背景にある。さらに、孫文は自党と自らの主義(三民主義)に並外れた自信を持ち、共産党の連中も国民党に入れば、中国の国情に合わないマルクス主義よりも、もっとすぐれた三民主義に感化されるはずだと見ていた。確かに、当時の中国で、いきなり社会主義革命をやろうとするのは、誰が見ても無謀だった。そこで、国際共産主義組織コミンテルンは、中共にまずは民族革命を推進すべきだとして、国民党への支援を命じたのである。当然に、社会主義革命を謳って結党したはずの中共のメンバーたちは、大いに不満であったが、コミンテルンの命とあれば、従わざるを得なかった。

かくて、国民党に加入した共産党員は、持ち前の行動力によって国民党の中堅ポストにも抜擢されていった。毛が国共合作時期に国民党の候補中央執行委員、あるいは宣伝部代理部長（部長は汪兆銘《おうちょうめい》）などのポストを歴任したのも、そうした動向の一端である。同じような例は、のちに毛の片腕となる周恩来についても当てはまる。周は、当時広州郊外に設けられた国民党の軍幹部養成学校の政治部主任というポストに起用されたが、その学校の校長がかの蔣介石であった。つまり毛にせよ、周にせよ、かれらはその時期に国民党の要人たちの身辺にあって、かれらと頻繁に顔を合わせていたのである。したがって、一九二七年の国共分裂ののち、共産党が農村を荒らし回る「共匪」となっても、国民党の首脳たちにしてみれば、その「共匪」の親玉は、毛にせよ、周にせよ、みな肩をならべて働いたかつての同僚・同志にほかならなかった。かくて、毛にかんする最初の伝記は、そうした国民党関係者によって執筆、発表されることになるのである。

孫席珍署名の毛沢東伝

現在確認される限り、中国で最も早く発表された毛の伝記記事は、一九三二年七月十五日に『文化日報』なる日刊新聞に掲載された「共党主席——毛沢東」（署名　孫席珍）である（図8）。「共党」とは言うまでもなく共産党のこと、毛は当時その共産党が打ちたてた中華ソヴィエト共和国臨時政府の主席という地位にあった。「共党主席——毛沢東」は分量にして千五百字ほどの短い文章で、「湖南王の尊容」「いくつかの特徴」「早くより頭角を現す」「民衆指導者たるとの自負」などの七つの小節からなっている。毛が湖南湘潭の人で当年三十七、三十八歳になること（逆算すれば、一八九四～九五年の生まれとなる）、

図８　『文化日報』に載った「共党主席——毛沢東」

富農の出身で体格は中肉中背、脳みそがたっぷり詰まった頭は大きいが、髪は長くてザンバラ、着る物には全く無頓着である等々、かれの人となりがよくわかる記述である。

その文章では、毛沢東という風雲児のせいで、静かだった長沙第一師範がとたんに波立ったこと、新聞をはじめとして字の書いてあるものは、何でも読まないと気が済まないたちであること、民衆の指導者としての自負心が人一倍強いことが紹介され、その事例として国民党時代の仕事ぶりや同僚とのおしゃべりなどが、時々の具体的地番や同僚名とともに語られている。短いながらも、この記事は当時のものとしてはかなり客観的で、悪くないできである。特に、国民革命時期の農民運動講習所での取り組み以来、「全力で農民運動をやってきた」結果、今や単なる「湖南王」

から「農民王」の異名をとるまでになっていると評するあたりは、「共匪」をまともな人間として描写することが憚られていた当時では、相当に勇気を必要としたであろう。

この文章、その書きぶりからして、どうやら国共合作時期に毛のそばにいたことのある元共産党員あたりが書いたのではないかと見られる。文章の署名者は「孫席珍」、これは実在した人物（文学者）である。孫席珍《そんせきちん》（一九〇六～八四）、浙江省紹興の人、北京大学時代から文芸活動で名を知られると共に、一九二六年に共産党に入党し国民革命に身を投じた。北伐や南昌蜂起にも参加し、その後の日本留学を経て三〇年に帰国、いくつかの大学で教鞭をとる傍ら、左翼作家聯盟（左聯）の活動を支援、三四年に逮捕されるも翌年に釈放され、以後も共産党と協力しつつ、北京で病死するまで、文学・文化活動、大学での教育（中国文学）にあたった。

その署名をそのまま信じれば、この記念すべき最初の毛沢東伝を書いたのは、この左翼系文化人だということになる。孫が国民革命に共産党員として加わっていたとなれば、毛に関する具体的な見聞ややりとりが伝の中に盛り込まれているのも、なるほど合点がいく。だが、腑におちないことが、実はいくつかある。まずは「共党主席――毛沢東」が掲載された『文化日報』という上海の新聞である。一九三二年六月に創刊されたこの日刊紙、体裁は二つ折り四面、「小報」と呼ばれたよくあるスタイルのものだが、どうも普通の商業新聞とは言えないようなのである。

まずは内容だが、毎号ともに政治がらみの評論とゴシップのような評伝、それも事情通にしか書けないような内幕モノが主な記事である。ちなみにその毛伝の翌日には「邵力子と共産党」（署名：元林。国民党の元老格の邵力子が共産党結成時は、その一員だったというエピソードを紹介したもの）、その翌日には「風流才子周仏海」（署名：定生。これまた初期の共産党員だった周仏海の転身の見事さを揶揄するもの）が掲載されている。邵力子《しょうりきし》にしても周仏海《しゅうふつかい》にしても、かつて共産党と関わったことをおもしろおかしく書かれるのは、決して愉快なことではなかったはずである。こうした政治ゴシップを毎号のように載せた『文化日報』は九〇号、つまり三カ月出ただけで、その九月十八日に停刊となるが、その後継誌として十月四日に出たのが、同傾向の雑誌（三日刊）にして、知る人ぞ知る『社会新聞』なのである。

図９　『社会新聞』

いわく付きの新聞

『社会新聞』（図９）は、国民党の中でも蒋介石に忠誠を誓う藍衣社《らんいしゃ》、あるいは諜報部門に相当する中央執行委員会調査統計局、略して「中統」が、蒋に刃向かう党内他派閥や共産党を攻撃するために創刊したという政論誌である。政論誌といっても、内容の多くは国民党の反蒋派有名人や共産党人士についての暴露記事で、他方蒋介石をネタにしたものは一篇も載っていない。このほか、かつての共産党のトップで、毛に武装蜂起を指令した瞿秋白《くしゅうはく》という党幹部が、のち一九三五年に国民党に捕らえられて処刑される間際に、「言わずもがなのこと〈多余的話〉」という反省書とも自伝ともつかない遺書を残したが、それをいち早くすっぱ抜いて報道したのが『社会新聞』である。国民党の情報部門の関与なしにはあり得ないスクープだという点からも、同誌の特殊な性質がうかがわれよう。

『文化日報』は、そのいわく付きの政界情報誌の前身なのである。『社会新聞』の個々の文章や記事には、それぞれ署名がついてはいるが、『文化日報』同様、その大半は筆名で、執筆者の特定は難しい。そうした中にあって、「共党主席――毛沢東」の署名だけが、なぜか「孫席珍」という実在の人名なのである。「共党主席――毛沢東」の疑問はそれだけではない。『文化日報』や『社会新聞』に載った類似の政治家評伝、革命家裏話は、その後『現代史料』という名のシリーズ本に収録・刊行された。ただし、出版元はこれまた聞いたことのない上海の海天出版社――同出版社は一九三〇年代には『現代史料』しか発行していない――で、一九三三年二月頃に出た第一集を皮切りに、四集が刊行されている。うち、第一集所収の文章はすべて『文化日報』に掲載されたもの、第二集以降に収録されたのは、多くが『社会新聞』に掲載されたものである。つまりは、この海天出版社なる版元も、『社会新聞』社と同組織ではないかと考えられる。

「共党主席――毛沢東」はその『現代史料』第一集に「毛沢東」というタイトルで収録されている。ただ、奇妙なのはその著者が「孫席珍」ではなく、「王唯廉」となっていること、つまり同じ文章なのに、著者名が違っていることである。王唯廉《おうゆいれん》は、『文化日報』に多くの政治家・革命家の内幕ものを発表している人物で、筆名だと見られるが、本名は特定できない。『現代史料』所収の王唯廉のほかの文章――「汪精衛反共記」「〝朱毛〟の起源」「南昌暴動外史」など――は、『文化日報』掲載時でもすべて「王唯廉」署名なのに、この毛沢東伝だけが、違っているわけである。

王唯廉の作品に描かれた人物（陳独秀、朱徳など）や出来事（南昌暴動、武漢政府など）の多くが、実在の人物孫席珍の若き日の経歴に重なるということからすれば、王唯廉は孫席珍の筆名だという推測も確かに成り立つ。毛の人柄をわりに好意的に描いているのも、左翼系知識人というかれの立場から説明できる。ただし、その場合は、共産党員だったはずの孫席珍が一九三二～三四年当時、何らかの事情で国民党蔣介石派の宣伝活動に協力していたということになろう。ただし、仮にそうだとしても、毛沢東伝だけを自らの本名で執筆したということの謎は、依然として残る。

誰が書いたのか

実は、孫席珍は文学の世界では、それなりに著名な文化人なので、評伝もあれば自伝も書かれているのだが、自身が毛伝を書いたことがあるとか、『文化日報』『現代史料』に関わったことがあるとかいうことは、全く言及がない。国民党の宣伝工作に加担したことは、自らにとって不面目な（あるいは致命的な）経歴上の汚点ゆえ、秘して語らなかったとも解釈できるが、他方でもともとそんな事実はなかったから、言及するはずなどないとも言える。後者だった場合は、単に別人が「孫席珍」の名をかたって書いた――民国のゴシップ文壇では、別人名義で文章を発表することは珍しくなかった――ということになり、対国民党協力者だった云々は、故人となった孫席珍に対するとんでもない讒言になってしまう。「孫席珍」「王唯廉」の署名の謎は、今は謎のままとし、推測に推測を重ねることは慎もう。

附言しておくと、この『社会新聞』というゴシップ誌、先に述べたように事情通が書いているためか、当時の海外の中国（中共）ウォッチャーばかりか、中共党員にも愛読されていたようで、かれらの執筆した毛沢東伝が参照した形跡がある。これについては、あとで章を改めて紹介しよう。

第三節　一九三〇年代初めの内外人名録での毛沢東

日本・欧米の人名録に登場する毛沢東

毛は国共合作時代に国民党の中堅幹部として、そこそこ活躍していた人物だったため、その後に共産党の農村革命の指導者となってからも、国民党系の雑誌に紹介されるようなことがあった。さらには、孫席珍署名の「共党主席――毛沢東」のように、そうした記事が必ずしも反共ヒステリーを伴わない客観的な、あるいは人間味を感じさせる評伝である場合もないではなかった。ただし、何と言っても国民党統制下のメディアである。共産党の宣伝になりかねないような関連報道は、おおむね厳しく規制されていた。『文化日報』や『社会新聞』の紹介記事も、今日の目から見ればこそ、比較的事実に近いと判断できるが、当時にあっては、その真偽を確かめるすべとてなかった。

そうした状況を理解する上で、また当時の普通の認識を知る目安として、同時代の人名録が毛沢東について、どの程度の記述をしているのかを一瞥しておこう。まずは、一九二九年に毎日新聞社（大阪）の発行した『支那人士録』である。

毛沢東　Mao Tse-tung　湖南人　一九二四年国民党候補中央執行委員、二五年再任、二七年七月共産党籍にあるため除名、二八年湖南、広東の辺疆に入りて擾乱。（民国元号の年は西暦に改めた）

たったこれだけである。この人名録の編者は澤村幸夫《さわむらゆきお》と植田捷雄《うえだとしお》、ともに「支那通」――中国問題専門家として知られた記者だが、この記述では、毛がどんな人間なのか、ほとんどわからない。というよりも、当時の毛は大した人物とは見なされていなかったのであろう。

これが三年後になるとだいぶ様変わりする。先述の「共党主席――毛沢東」が中国で発表された一九三二年の末、外務省情報部（そう、のちに官報附録に、あの太っちょ毛沢東写真を載せることになる部局）の編纂・発行した『現代中華民国・満洲国人名鑑』では、「毛沢東」の項は次のように書かれている。

毛沢東（Mao Tse-tung）　現住江西省瑞金　湖南省湘潭県人一八九二年生
経歴：仏国に留学し苦学して経済学を修む。帰国後共産党に入り国民政府、共産党合作と共に国民党に加入し国民党第一次及第二次中央候補執行委員に挙げられ、武漢国民政府農民部長たり。農民運動の権威者として湖南農民間に大なる潜勢力を扶植す。国共分離後、瞿秋白、蘇兆征等と九江に会し、所謂八七緊急会議後直ちに湖南に帰り農民暴動を煽動し、朱徳と結んで紅軍第四軍を結成し、政治委員に任ず。爾来極力紅軍の充実及び「ソヴィエト」区の拡大強化に努め、一九三〇年長沙占領の際には革命軍事委員会主席として最高指揮に任じ、一九三一年中華「ソヴィエト」共和国臨時政府成るや任現職（政府主席）。

三年前の『支那人士録』に比べれば、確かにずっと充実している。その間、農村根拠地を大きく拡大し、独自政権を立ててそのトップに収まったので、注目度が大きくアップしたためだろう。ただし、まだまだ問題は多い。参考のために、不正確な箇所には傍線を引いてみた。生年も間違っているし、留学の経験についてもデタラメである。「共党主席——毛沢東」には、学歴として毛が長沙の第一師範の出であること、武漢国民政府の農民部長ではなく、共産党の農民部長であることが書かれているが、この人名鑑にはそれを参照した形跡が全くない。もちろん、政府の広報部門といっても、手持ちの情報を全部さらけ出すとは限らない。広報の目的にそぐわない情報や政府にとって好ましくない情報は秘匿されるためだが、この人名鑑についていえば、毛の経歴に公表を憚るような点があって隠したというよりも、これが当時の日本の外務省情報部の精一杯のところだったのだろう。

一方、欧米はどうだったか。戦前の上海などには西洋列強の租界があり、かなりの規模の外国人コミュニティもできていて、新聞・雑誌も発行されていたから、そうしたメディアも同時代中国人の人名録を作っている。英語では人名録をWho’s whoというが、戦前期の代表的Who’s whoは、上海の

「チャイナ・ウィークリー・レビュー」社が数年おきに出していた*Who's who in China*である。この人名録は一九二五年に第三版、一九三一年に第四版、一九三三年に第四版補遺がそれぞれ出ているが、これらの諸版には毛沢東は収録されていない。毛が登場するのは、一九四〇年の第五版になってから、つまりはスノーの『赤い星』によって、毛の素性や経歴が広く知られるようになってからなのである。同社発行の時事評論誌『チャイナ・ウィークリー・レビュー』（*China Weekly Review*、漢字名：密勒氏評論報）の方は、折々に共産党の活動を報道し、一九三六年十一月には、いち早くスノーの取材記事を掲載してこの方面の報道の先駆となるが、それ以前にあっては、共産党指導者はやはり謎に包まれていたのだろう。

海賊版の中の「匪」

では、中国のメディアはどうか。先に日本の同時代人名鑑は、毛に関しては記述がかなり不正確だと述べたが、実は不正確でも収録されているだけまだましで、中国語の刊行物となると、共産党関係者の情報そのものが意図的に人名鑑から除外されていた。一例として、『民国名人図鑑』（南京　辞典館刊）を見てみよう。一九三七年に刊行が始まったこの人名鑑は、収録人名数においても、またその「図鑑」の名が示すように、肖像写真を多数収録したことにおいても、戦前期中国の人名録における最高峰――ただし、残念ながら第三巻以降は日中戦争のために刊行されなかった――だが、第二巻に「毛」姓の項目はあるものの、毛沢東の名前はない。他の共産党幹部も同様である。同書の編纂にあたった楊家駱《ようからく》の仕事ぶり（中国辞典学の第一人者と称される人物）からすれば、書きもらしたとは考えにくい。当然に人物情報は集めていたに違いないが、毛ら共産党指導者は「共匪」の頭目ゆえ、そもそも収録の対象から除外されていたと見られる。国民党の価値観からすれば、「匪」は存在してはならないもの、書物に経歴が紹介されるなどもってのほかなわけである。

そんなことがあるのかと、疑問に思われる方は、戦後に国民党統治下の台湾で発行された海賊版の諸橋大漢和辞典を見てほしい。諸橋轍次先生の編になる漢字・漢語辞典の金字塔『大漢和辞典』は、中国学の世界では「諸橋大漢和」、あるいは単に「諸橋」と略称されるが、その圧倒的語彙数と完成度の高さゆえに、漢語の本家中国（台湾）でも海賊版が多数出回った。面白いのは台湾の海賊版で、かつては台北の本屋でも売られており、貧乏で正規版（索引を入れて全十三冊）が買えない日本の研究者の卵の中には、その台湾製海賊版を買って、秘かに座右に置くという不届き者もいたくらいである。

その台湾製海賊版の「諸橋大漢和」には、はたして「毛沢東」の事項はない。いや、より正確にいうと、日本で出版された正規版にある「毛沢東」の項目が、海賊版ではそこだけ消されていたのである。「鄧小平《とうしょうへい》」しかり、「中華人民共和国」またしかり、つまりは国民党の価値観から見て、あってはならない事象は、辞書からも抹殺されていたのだった。海賊版の世界においても「賊」や「匪」（共産党）の存在を許さない、国民党のこの執念からすれば、かれらの国「民国」の名士を集めた紳士録に、「共匪」の名が混じることなど、許されるはずもなかった。

かくて、南京国民政府の時期（一九二七〜三七年）の中国の書店に、共産党をまともに扱う書物が並ぶことは、まずあり得なかった。共産党はその革命根拠地を軍事的に包囲されるだけでなく、情報の面でも封鎖されていたわけである。それゆえ、共産党はその主義や主張を自力でアピールする必要があったし、実際に国民政府支配地域での宣伝工作にも力をいれていた。宣伝工作を重視するのは、元来が共産党の政治文化である。中国各地の革命記念館に陳列されているわら半紙に刷られたビラ、あるいは表紙だけ一般書を装った文献集などは、かれらの努力を今に伝えるものにほかならない。

秘密主義の党

ただし、一九三〇年代前半の共産党は、党中央の名義でさまざまなアピールや宣言を出しはしても、党指導者の経歴や肖像を積極的に公表することは、ほとんどなかった。党内事情にかんする秘密主義は、中国に限らず、かつての共産党には広く見られたもので、ある意味ではこれもその政治文化といってよい。とりわけ、カリスマ性をもった絶対的指導者が確立するまでは、党の顔が誰なのかということは、党内の力関係や路線・権力闘争を映し出す鏡となるため、多くの場合は慎重に秘匿されるのである。

江西省南部に根拠地を構えていた時期の共産党は、まさにそうした状況にあった。毛は一九三一年に樹立された中華ソヴィエト共和国臨時政府の主席（首班）ではあったが、その中共党内の地位はといえば、八人いる中央局のメンバーの一人に過ぎなかった。農村根拠地を切り開いた実績ゆえに、名目的には高い地位に置かれたが、必ずしもそれに見合う実権を伴うものではなく、かれと同等の地位を持つ、あるいはかれよりもずっとマルクス主義的教養のあるライバルたちが党内にひしめいていたのである。それ

図10　中共根拠地の紙幣、右はマルクス、左はレーニン

ゆえ、例えばその臨時政府が発行した紙幣には、毛の肖像などは使われず、しばしばマルクスやレーニンの肖像が用いられた（**図10**）。紙幣を使わされた農民たちにとっては、どこの誰ともつかない異人（あるいは仙人？）と映ったに違いないが、特定の自国指導者を持ち上げないことが、当時の共産党の表向きの理念、あるいは矜持《きょうじ》——自分たちは中国流の世直しをやろうとしているのではなく、人類の英知の結晶にして、世界の普遍的真理たるマルクス・レーニン主義を、たまたま中国で実践しているのだ——を体現していたわけである。

それゆえ、その根拠地を放棄して「長征」の途につくまで、共産党根拠地で党の差配によって毛の伝記が出た形跡はない。肖像画についても同様で、現在確認できるのは、一九三三年に共産党が根拠地で経営していた紅色中国出版社発行の『革命画集』なる宣伝図版集が、ごくラフな毛のスケッチ（**図11**）を掲載したのが、ほぼ唯一の例である。筆者はこの画集を実見できていない（五十枚ほどの絵や漫画を収録するという）が、この素描の肖像はマルクス、エンゲルス、レーニンの後に配されていて、さらにこの像のあとには、朱徳やリープクネヒト（ドイツ共産党の創始者の一人）が続いているらしい。この肖像、いったい誰が描いたものか、皆目不明である。ただし、『革命画集』

図11　『革命画集』の毛沢東

は、現物がほとんど残っていないことからもわかるように、発行部数も流通範囲もきわめて限定的だった。それゆえ、この素描肖像がその後にリプリントされることもなかった。つまりは、「長征」に出発した共産党組織が根拠地を放棄したのに合わせて、この粗製作品やイメージもかの地に遺棄されたわけである。

第四節　コミンテルンという組織

コミンテルンとは

国民党や国民政府は、共産党に関する情報を厳しく統制し、一方共産党は共産党で、指導者についての情報公開やイメージ作りに、必ずしも熱心ではなかった。では、頼りになる情報源はないのか。あきらめるのはまだ早い。そう、コミンテルンがあるじゃないか。

コミンテルンと聞いて「?」と思われる方も、近ごろは多いに違いない。本書でも前に若干言及したが、いま少し詳しく説明しておこう。コミンテルン（Comintern）は英語で言えば、コミュニスト・インターナショナル（Communist International）の略称、一九一九年にモスクワで結成された共産主義政党の国際的統合組織にして、その総本部である。社会主義・共産主義組織の国際的連帯は、マルクス、エンゲルスが「世界の労働者よ、団結せよ」と呼びかけたこともあり、十九世紀半ばから実行されていた。第一次大戦、ロシア革命を経て改めて結成されたのが、ロシア共産党を核とするコミンテルンである。マルクスの時代のものを第一として数えると、三つ目のものになるため、第三インターと呼ぶこともある。中国語では、「共産国際」、あるいは「第三国際」と称する。

鉄の規律を党是に掲げて革命を成し遂げたロシア共産党の音頭とりで結成したこともあり、コミンテルンは集権的な組織原理を採用した。各国の共産党はコミンテルンの各国支部だという形にして、コミンテルン本部が強い指導力を持てるようにしたのである。前の二つのインターは、各国政党の自発的連帯に任せたため、実効性のある活動ができなかったのだというのが、第三インターを作ったレーニンの言い分だった。中国共産党はこのコミンテルンの強い働きかけを受けて結成されたもので、結党後もその代表が中国に駐在して、中国支部に折々に「助言」を与えていた。

コミンテルンの権威

コミンテルンの中心となったのは、ロシア共産党（ボリシェヴィキ、後にソ連共産党）である。コミンテルン加入の政党のうち、実際に革命を成し遂げたことがあるのは、何と言ってもロシア共産党だけだったから、「成功体験」を持つ同党の意向や助言は、他の国の共産党にとって絶対的なものだった。

日本の場合でも、戦前は共産党の時々の基本方針（テーゼ）がコミンテルンによって策定されたことがある。そうしたさい、中国や日本も含め、ソ連以外の国の革命情勢を判断・評価する場合、コミンテルンの理論家たちはしばしば、これはロシア革命で言えば○○の段階にあたるとか、××事件に相当するといった言い方をした。いわば、ロシアでの成功モデルを——若干の手直しを加えつつ——ほかの国や地域にも当てはめてやらせようとしたわけである。

当然のことながら、ソ連のお手本どおりにやるのは容易ではなかった。そして、生徒が失敗すれば、先生は自分の責任を棚に上げて、生徒の未熟さを責めるのが常で、例えばスターリン先生は、中共指導部の不甲斐なさにあきれて、こう言い放つのだった。

> わたしは中国共産党の中央委員会に、あまり多くのことを要求したくはない。それに過大な要求をしてはいけないこともわかっている。しかし、簡単なやさしい要求がある。それはコミンテルン執行委員会の指令を達成することだ。（一九二七年の言葉）

中共が受けたのは「助言」「指令」ばかりではない。結党以来、中共は長期にわたって、コミンテルンから経済的支援も受けていた。結党間もない初期のころは党の活動費の95％ほどが、コミンテルンをはじめとするモスクワの国際革命組織からの資金援助であった。その後も、一九三〇年代半ばに共産党が農村に広大な根拠地を持って自立できるようになるまで、予算の90％以上をコミンテルンからの援助に頼るという財政構造は、ほぼ変わらなかった。いわば、金も出すし、口も出すというのがコミンテルンだったのである。もっとも、資金援助については、中共が組織規定上あくまでもコミンテルンの中国支部であったという国際政党としての特異性も、合わせて考慮されなければならないだろう。

こうした強い関係もあり、中共はモスクワのコミンテルン本部に定期的に報告を送るのみならず、本部との連絡、会議出席、あるいは留学・研修のために、青年党員や党幹部を頻繁にモスクワに派遣した。また一九三〇年代には、中共はモスクワに自党の代表団を駐在させていた。ソ連崩壊後にその公開が話題を呼んだコミンテルン文書とは、こうした人や文書の往来によって蓄積された各国共産党についての膨大な情報文書を指す。その中に中共にかんする文書や党員の経歴書も含まれていることは言うまでもない。中には中国では失われてしまった中共の文書がこのコミンテルン文書に含まれていて、運良く見られるという場合もある。ということは、中国には残っていない毛の初期の個人ファイルや肖像も、コミンテルン文書を探せば見つかるかも知れないということになろう。コミンテルン文書には、はたして毛の個人ファイル（経歴書）が含まれている。それもスノーの『赤い星』以前に作成されたものが。

第五節　コミンテルンはどれほど毛沢東のことを知っていたか

毛沢東の経歴書

筆者の手元には、一九三〇年代半ばにコミンテルンの指導部によって作成された毛の経歴書がある

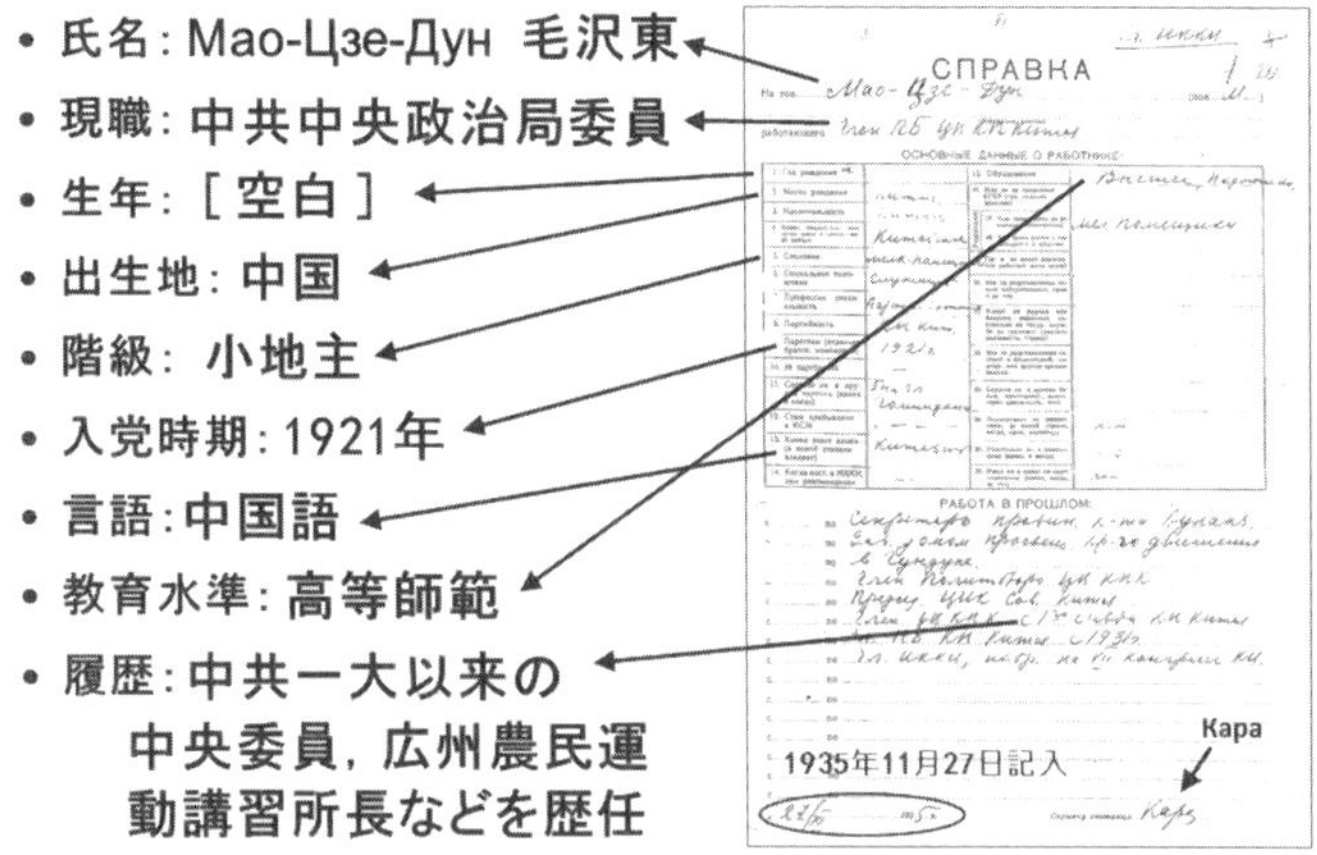

図12　コミンテルン文書の毛沢東 1935年

（図12）。経歴書の下部には、作成日と作成者の署名があり、それぞれ一九三五年十一月二十七日、Караと認められる。Кара（カラ）は、カライヴァノフ（Караиванов）という人物のサイン、かれは一九三五年当時、コミンテルン議長、つまりその最高責任者だったディミトロフ（Dimitrov）の人事担当秘書を務めていた人物である。一方、その作成日の一九三五年十一月二十七日といえば、毛本人ははるか離れた中国は陝西省北部の辺鄙な町にいた。より詳しく説明すれば、長征部隊を率いて毛らが陝西省北部の寒村呉起鎮《ごきちん》にたどり着いて、行軍が一段落したのが十月下旬のこと、十一月下旬といえば、かの地で紅軍を迎撃せんとした政府軍を毛の率いる紅軍が返り討ちにした「直羅鎮《ちょくらちん》戦役」のころである。当然に、この経歴書が作成された現場（モスクワ）にかれはいない。前に毛の経歴を紹介したさいにも言及したが、かれは一九四九年まで、ソ連を含め、外国に行ったことは一度もないのである。

では、なぜそのころに毛の経歴書がコミンテルン議長の側近によって作成される必要があったのか。話はその年の夏にモスクワで開催されたコミンテルンの第七回大会に関係する。コミンテルン第七回大会は、七年ぶりに開かれた世界大会（六十五の国・地域の共産主義政党の代表五百人あまりが参加）で、結果としてコミンテルンの最後の大会となった。あるいは最後の大会よりも、反ファシズム統一戦線の方針を打ち出した大会としての方がよく知られているだろう。高校や大学の歴史教科書にも、そういう説明で登場するはずである。

この大会、中国にも大いに関係するのだが、それはあとで触れることにして、毛について言えば、かれはこの大会に出席していない（当時、毛は長征のさなかで、四川省の山奥にいた）にもかかわらず、大会でコミンテルンの執行委員に選出されている。中国における革命運動の輝ける指導者として、高く評価されたのである。現実には、当時の「長征」とは、根拠地防衛に失敗した末の逃避行であったが、当時のモスクワでは新たな根拠地建設のための戦略的転進だと説明され、紅軍の兵力も五十万と報道されていた。「転進」にせよ、兵力の見積もりにせよ、どこかの大本営の発表のようだが、それはともかく、こんなにたくさんの軍隊を持っている共産党は、当時ではソ連以外にはなかった。その大軍を指導しているのが、農民出身の革命家・毛沢東なのである。注目されない方がおかしかろう。

現にコミンテルンの大会で報告をする中共代表が毛の名を口にするや、会場は総立ちで嵐のような拍手を送り、「ウラー」（万歳）の歓声と拍手は五分間も続いたと、大会参加者の記録は伝えている。もっともこうした「嵐のような拍手」と「ウラー」の連呼は、社会主義文化の得意とするところで、スターリンあたりになると、その名が呼ばれるたびに、大きな会場はおおむねこの「スタンディング・オベーション」モードになる。国際共産主義運動の大舞台で、ここまでの喝采を受ける中国革命の英雄にして、コミンテルン執行委員会の一員なのだから、その組織を束ねる最高指導者として、ディミトロフは毛がどのような人物なのか、知る必要があったに違いない。その求めに応じて秘書が調査し、作成したのがこの経歴書であると見られ、これまで知られていなかったものである。

スカスカの経歴書

前置きがだいぶ長くなってしまったが、この経歴書、実は中身が相当にスカスカである。氏名（Мао–Цзе–Дун 毛沢東）、現職（中共中央政治局委員）はよしとして、記入項目の最初の欄（生年月日）がまずもって空白である。つまり、当時、国際共産主義組織の総本山は毛が何歳なのか、知らなかったということになる。ついで出身地だが、単に「中国」としか書かれていない。中国革命の指導者として有名だから、これで十分だと考えられたのか、ずいぶんいい加減である。ただし、それなりに調査をして書かれたとおぼしき欄もあって、入党（一九二一年）、出身階級（小地主）、学歴（高等師範）などは正しい情報である。また、最後の欄に記されている主な活動歴としては、中共第一回大会以来の中央委員であること、広州農民運動講習所長などを歴任し、一九三一年には中華ソヴィエト共和国政府の主席に就任したことなどがあげられている。第一回大会から党の中央委員だったというのは、やや不正確（第一回、第二回大会では毛は中央委員に非ず）だが、そのほかはおおむね正確である。

このほか、言語の欄が「中国語」になっているのは、中国人だから当たり前と言えば確かにその通りであって、それ自体としては情報の意味はほとんどないと言える。ただし、中国語以外の言語はできないということも含意しているという深読みも可能であろう。前述のように、毛はほとんど外国語ができなかった。ちなみに、コミンテルンはグローバルな活動を展開する国際組織として、多言語主義につとめていた。その機関誌はロシア語、ドイツ語、フランス語、英語といった欧州諸言語のほか、時期によっては中国語版やスペイン語版も出されている。もっとも、会議や文書作成のすべてを多言語で行うことは不可能であったため、現実には本部所在地にしてスポンサーの言葉であるロシア語とマルクス以来の社会主義の伝統を持つドイツ語が実質上の公用語となった。

ただし、ロシア語にしてもドイツ語にしても、当時の中国ではマイナーな外国語である。加えて、欧州やその植民地の出身の知識人社会主義者とは異なり、中国や日本では、革命家や知識人が必ずしも多言語に通じているとは限らない。その結果、土着派の指導者はしばしばコミンテルンとの意思疎通に円滑さを欠き、他方でモスクワに留学してロシア語とマルクス主義を身につけた若造が、党内で重きをなすような事態がしばしば生じた。中国の実情も知らないくせに、コミンテルンの権威を振りかざして毛を抑圧したと言われるソ連留学組の党幹部（留ソ派）が幅をきかせられたのは、そのゆえである。

さて、読者は毛の経歴書を見て、どうお感じだろう。コミンテルンの最高指導者向けにしては、まったく期待外れなのではなかろうか。これなら、先に見た日本の公刊の人名録の方がまだましだとも言えよう。コミンテルンというと、巨大な謀略組織であるかのように吹聴されることが多く、陰謀史観の大好きな人たちは、張作霖《ちょうさくりん》爆殺事件も、西安事変も、盧溝橋事件も、全部コミンテルンの差し金だと言ったりする。毛の伝記作家にも、この手のコミンテルン陰謀論者が少なくない。かれらのイメージ（妄想）するコミンテルンは、エージェントやスパイを通して各国の機密情報を入手し、敵陣営に潜伏させた諜報員や内通者を通じて挑発・破壊・暗殺といった工作を行い、世界をあやつる組織らしい。

だが、その舞台裏は見ての通り。その最高指導者は、敵陣営はおろか、お味方や部下のことすら、実はよく把握していないありさまだった。そんな組織が裏から糸を引いて、張作霖を爆殺できたとしたら、それこそ不思議というものである。何でもかんでもコミンテルンの謀略で説明するのは、コミンテルンの実力の買いかぶりすぎ、あるいは冷戦時代のスパイ映画の見過ぎというものであろう。

毛沢東の生年

話を毛沢東情報にもどそう。コミンテルンがこんなお粗末な情報しか持っていなかったということは、我々には意外だが、見方を変えれば、当時のコミンテルンにとって大事なのは、中国の革命運動がどのように進展しているかであって、それをうまく指導してくれるのなら、その人物の詳しい経歴は二の次だったのかも知れない。極端なことを言えば、モスクワの意向に沿って中国革命を前に進めてくれるのなら、その中国人革命家の名は毛沢東でも、王沢東でもよかったのである。いずれにせよ、モスクワにおいても、毛の情報はその経歴書の生年欄を空白のままにせざるを得ないほど少なかったということだけは間違いない。実は、毛が一八九三年の生まれだということは、かれが一九三六年にスノーのインタビューに応じた際に、自ら語ってはじめて明らかになったことである。戸籍も整っていなかった当時の中国にあって、ある人物がいつの生まれであるかは、結局は本人の申告によるしかなかった。

その意味では、コミンテルン本部ですら一九三五年十一月当時には知り得なかった毛の生年をはじめとして、かれの前半生をあきらかにしたスノー『中国の赤い星』の功績は、繰り返しになるが、やはり巨大である。以上、我々は一九三〇年代前半の毛沢東についての基本的情報がどのようなものだったかを駆け足で見てきた。ただし、これはいわば助走である。毛沢東の具体的イメージ、特に肖像や写真、あるいは伝記そのものが——特に国外で——どうだったのかについて、ウォームアップが済んだところで、いよいよ謎の核心へと入っていこう。

第二章　マオの肖像——イメージの世界

第一節　欧米は毛沢東をどう見たか――支援者の描いた「さえないおじさん」

『チャイナ・トゥデイ』

前章では、国民党による軍事と情報両面の封鎖により、共産党の宣伝工作が思うに任せない状態だったこと、他方で共産党自身も指導者個人を宣伝の前面に押し出すことに、必ずしも積極的ではなかったことを見てきた。さらには、コミンテルンも必ずしも毛の個人情報を十分には把握していなかった。しかし、毛のイメージやかれを革命家として描く物語や伝記は、一九三〇年代前半に、国際共産主義運動のネットワークに支えられ、欧米において生まれつつあった。毛の肖像写真もそうした伝記、あるいは中国革命の紹介記事の挿画として、誌面に登場することになる。

欧米においても、中国農村を舞台に国民政府に激しく抵抗する共産党の軍事活動は、それなりに注目を集めていた。特に一九三〇年七月末に、中共軍が長沙を急襲して占領、湖南省ソヴィエト政府の樹立を宣言したというニュースは世界を驚かせた。長沙を占領したのは、紅軍の勇将たる彭徳懐《ほうとくかい》の指揮する部隊約一万である。これと前後して、朱徳・毛沢東の率いる紅軍部隊も江西省の省都・南昌を攻撃したが、こちらは強力な国民党守備軍を前に、無理攻めはせずに早々に退却している。彭徳懐軍もその後、一週間ほどで長沙から撤退したが、一時的にせよ、中共軍が人口三十万の湖南省都を制圧したインパクトは大きかった。当然に中国問題にたずさわるジャーナリストたちは、共産党問題についても報道せざるを得なくなったわけである。

実は、かのエドガー・スノーも長沙事件の翌年、一九三一年に中国の共産主義運動について分析する記事「中国共産主義の勢力」(The Strength of Communism in China, *Current History*, Vol.33, No.4, 1931）を書いて専門誌に発表していた。中国にやってきて三年目ほどの時期だから、スノーの初期中共論といってよいが、その中身たるや、同時代の様々な記事を寄せ集めただけの代物で、毛に関しては名前すら出てこない。実際、共産党員として名前があがっているのは、紅軍を率いていた朱徳、賀龍《がりゅう》の二人だけ、ほかには人名も出てこないような水準のものだった。いかなスノーでも、当時はまだ駆け出し、この程度の分析をするのが精一杯だったわけである。むろん、毛をはじめとする共産党指導者や紅軍の写真や図版など出てくるはずもなかった。

欧米の刊行物の中で、最も早く毛の肖像を掲げたのは、一九三四年五月にアメリカの左翼系雑誌『チャイナ・トゥディ（*China Today*）』（**図13**）に発表された「現今のソヴィエト中国の全貌（Complete Perspective of Soviet China To Date）」という無署名の論文ではないかと見られる。この論文に毛の似顔絵としてつけられたのが、**図14**の何とも言えない男の顔だった。キャプションには、「Mao Tsie-Tung, Chairman Chinese Soviet Republic」とあるから、間違いなく中華ソヴィエト共和国主席の毛を描いたものである。誰が描いた絵なのか、説明はないが、恐らくは、中国の革命運動を支援する者によって描かれたものである。なぜなら、ニューヨークで刊行されたこの『チャイナ・トゥディ』という雑誌は、アメリカ共産党の外郭組織にあたる「中国人民の友の会」(Friends of the Chinese People）の編集・刊行になるものだからである。

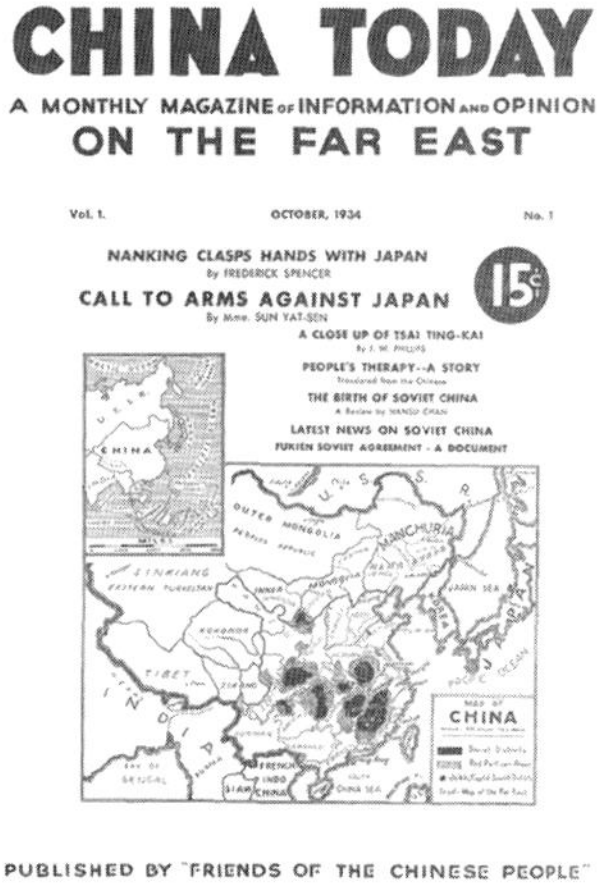
CHINA TODAY

A MONTHLY MAGAZINE OF INFORMATION AND OPINION

ON THE FAR EAST

Vol. 1. OCTOBER, 1934 No. 1

NANKING CLASPS HANDS WITH JAPAN
by FREDERICK SPENCER

CALL TO ARMS AGAINST JAPAN
By Mme. SUN YAT-SEN

15c

A CLOSE UP OF TSAI TING-KAI
By J. W. PHILLIPS

PEOPLE'S THERAPY--A STORY
Translated from the Chinese

THE BIRTH OF SOVIET CHINA
A Review by HANSU CHAN

LATEST NEWS ON SOVIET CHINA

FUKIEN SOVIET AGREEMENT - A DOCUMENT

PUBLISHED BY "FRIENDS OF THE CHINESE PEOPLE"

図13　『チャイナ・トゥディ』表紙

図14　『チャイナ・トゥディ』の毛沢東

アメリカに共産党があったと聞くと、多くの人は意外に思われるかも知れないが、戦前期のアメリカ共産党は、労働運動だけでなく、文化・ジャーナリズムの世界にもそれなりの影響力を持つ政党だった。そして中共と同様に、コミンテルンの影響を強く受けた政党でもあった。その政党が中心になって、中国革命への国際的連帯をうたって組織されたのが、「中国人民の友の会」である。「友の会」にはアメリカ共産党のシンパの在米華僑や中国人留学生も多数加わっていた。毛の肖像画の載ったこの記事のタイトルに見える「ソヴィエト中国」とは、「ソ連と中国」を指すのではなく、ソヴィエト運動（ソヴィエト〔ロシア語では、会議、評議会の意味〕という形式の労農政権の樹立、拡大によって全国政権の奪取を成し遂げようとする革命運動）を進める中国という意味であり、具体的には中国内陸部にできた毛らの中華ソヴィエト共和国を好意的に紹介する一種のプロパガンダであった。出版地こそ資本主義の国の経済の中心ニューヨークだが、系統でいえば、モスクワに連なる雑誌、つまりは中共の同志たちの雑誌と見てよい。ただし、毛の肖像画はあるものの、この記事にも雑誌にも、毛の伝記は掲載されていない。

変な肖像画

さて、その同志が描いてくれたこの男、毛沢東だというが、どう見てもさえない無精面であり、革命家には見えない。本書冒頭で日本の外務省情報部の提供した太っちょ毛沢東の写真なるものを紹介したが、このアメリカの毛沢東像のボケぶりも決して負けてはいない。幼稚園児あたりが父の日に描いた「大好きなパパ」の絵だと言われてもおかしくないし、見ようによっては、指名手配書の人相書きに見えたりもする。この絵を描いた人間にしてみれば、毛を描いたつもりだったが、参考にした元の写真なり絵なりがひどかったのかも知れない。あるいは、その人には革命への熱意はあったものの、肝心の絵心がなかったのかも知れない。ともあれ、唯一確かなのは、今日、この肖像画の主が誰か、キャプションなしに当てられる人はまずいないだろうということ、同様に当時にあっては、この人相書きを公表して毛を指名手配しても、絶対に捕まらなかっただろうということである。

指名手配といえば、毛は確かに懸賞金付きで指名手配を受けていた。具体的にわかるのは、一九三五年二月に蔣介石の国民政府によって出された逮捕令で、毛沢東や朱徳といったトップクラスの場合、生け捕りにした者には十万元、首級を差し出した場合は八万元の賞金を出すとの布告が出されている。以下、彭徳懐クラスは生け捕り八万元、首級で五万元、周恩来クラスになると、それぞれ五万元、三万元と続く。周恩来が彭徳懐よりも安いのは、今から見るとやや不思議だが、やはり軍人の方が知名度が高かったのであろう。毛にかけられた懸賞金十万元の価値だが、当時の上海の巡査の月給が十五〜二十元ほどだったと言われているから、かれらがもし毛を生け捕りにすれば、五百年分ほどの給料に相当する賞金がもらえたわけである。もっとも、一生遊んで暮らすには充分な金だが、その容貌もわからないとあっては、捕まえようもなかっただろう。

パリにあらわれた毛沢東

アメリカで「さえないおじさん」風の毛が登場したのと同じ一九三四年、パリで刊行されたフランス語のパンフレット『今日の革命中国（*La Chine révolutionnaire d'aujourd'hui*）』（**図15**）には、よりそれらしい毛の肖像写真が掲載された。このパンフレットも、その題名からも察せられるように、左派系の革命パンフレットである。編著者は Van Min と Kang Hsin の二人、漢字で書くと王明《おうめい》と康生《こうせい》で、二人ともれっきとした中共幹部である。王明の方は、毛と権力闘争を繰り広げた留ソ派の代表格として名高い。毛とのライバル争いに最終的に敗れ、人民共和国成立後に亡命同様にモスクワに移り、毛を非難する言

図15　『今日の革命中国』の表紙

図16　『今日の革命中国』の毛沢東

図17　『今日の革命中国』の朱徳

論活動を行ったため、中国では甚だ評判の悪い人物である。

もう一人の康生も中国では鼻つまみ者である。かれの場合は、元は王明の参謀格というか、腰ぎんちゃくだったが、一九三七年暮れに帰国してからは一転して毛の支持者となったため、毛に重用され、党内の粛清運動で腕を振るった。その後も一九七五年に死去するまで党の要職を歴任したものの、毛の死後にその余りに悪辣な粛清活動が批判され、党からの除名処分を受けた。これまたいわく付きの人物である。ただ、それはいずれも後年の評価であって、このパンフレットが発行された一九三四年には、二人は共にモスクワの中共のコミンテルン代表団の中心メンバーとして、中国革命の対外宣伝に心血を注いでいた。

この『今日の革命中国』という一二〇ページほどのパンフレットは、どうやらモスクワで編集され、印刷と発行をパリで行ったものらしい。モスクワでロシア語のパンフレットを作ったところで、流通に限界があるため、きれいな版面にしてより広い読者に届くように、わざわざフランス語小冊子に仕立てたのであろう。パンフレットの中身は、王明と康生の二人が書いた中国革命の紹介記事である。革命の勇ましいかけ声と大げさな言葉遣いに満ちたこのパンフレットに、挿画として掲載されたのが毛沢東と朱徳の肖像写真であった（図16、図17——ただし、毛や朱の伝記記事は掲載されていない）。

さあ、これならどうだろう。かなりそれっぽいのではないだろうか。あるいは、やっぱり似ているようには見えないという声も聞こえてきそうである。だが、なお疑念を感じる人も、先に掲げたアメリカの雑誌の「さえないおじさん」に比べれば、ぐっとホンモノ感がするという点には同意してくれるであろう。なぜなら、この肖像は、毛にしても朱にしても、間違いなくかれらのものだからである。それを証明するためには、このパンフレットが編纂されたモスクワに、もう一度もどらなければならない。

第二節　「毛沢東死せり」——コミンテルンの流した訃報

毛沢東が死んだ?

アメリカの『チャイナ・トゥディ』は共産党系の左翼雑誌で、モスクワに連なるプロパガンダ活動の一環と位置づけることができる。王明、康生のフランス語パンフレット『今日の革命中国』に至っては、モスクワのコミンテルン、および中共代表団の宣伝活動以外の何ものでもない。ということは、モスクワには、そうした毛沢東イメージの原像があったということになる。

コミンテルンの持っていた毛の個人情報が、一九三五年時点ではかなりお粗末だったことは先に見たとおりである。だが、毛の個人情報が不十分だからといって、それで中国革命の象徴として毛を売り出すことができないということにはならない。否、情報が少なければ、そこは何かで埋め合わせればよいのである。他の革命家のエピソードでも良いし、もっともらしい作り話でもいい。いわゆる「革命的ロマン主義」の物語を付け加えて宣伝効果を高めることは、モスクワの革命宣伝の世界では、許容されるどころか、むしろ奨励されることだった。

そもそもコミンテルンは、毛沢東個人の宣伝、称揚という点では、毛に借りがあった。実は、はじめてコミンテルンの雑誌に載った毛を紹介する文章は、信じがたいことに、毛が死んだという訃報（誤報）だったからである。話は一九三〇年初めにさかのぼる。コミンテルンの発行していた情報誌に『インターナショナル・プレス・コレスポンデンス（*International Press Correspondence*）』、略して『インプレコール』というものがある。世界の社会運動や革命運動の速報に重点をおいたニュース雑誌で、これもコミンテルンらしく、独、英、仏などの多言語で発行された。その『インプレコール』の一九三〇年三月の号に、こともあろうに毛の死を悼む記事が載ったのである（**図18**）。記事は冒頭、次のように言う。

International Press Correspondence　259

OBITUARY

Comrade Mau Tze Dung.

By Tang Shin She

News has arrived from China that Comrade **Mau Tze Dung**, one of the founders of the Communist Party of China and the founder of the partisan troops and the Red army, has died at the front in Fukien as a result of long-standing disease of the lungs. He was the most feared enemy of the landowners and the bourgeoisie. The Kuomintang the representative of the landowners and the bourgeoisie — had since 1927 placed a heavy price on his head. His sickness several times served as an occasion for announcing his death, and thereby encouraging the counter-revolution. There is no doubt that the death of our comrade has called forth great joy in the camp of our enemies. For the Party, the Red Army, and the Revolution his death means a severe loss.

Comrade Mau Tze Dung came of a peasant family in the province of Hunan. Already as a young student he conducted a hard fight against militarism in China. After the victory of the October Revolution in Russia, he immediately joined the Marxist-Leninist movement. In the so-called Renaissance time, after the Peking student riots in 1919, he developed a wide-scale propaganda campaign in the Yangtse area. In the huge Piochang mining works he organised a model trade union which to-day constitutes the cadres for the big workers and peasants movement in the Hunan and Kiangsi area, as well as for the Bolshevist party generally.

Comrade Mau Tze Dung had been a member of the Central Committee of the C.P. of China since 1923. He fought constantly against opportunism within the Party, especially at the time of the Wuhan period. When the Party failed in the agrarian revolution, he—against the will of the opportunist leadership—worked among the peasant masses in Hunan, and after the coup d'état of May 20, 1927, in Changsha, he organised the peasant revolts in Hunan. At the beginning of 1928 he formed a Red Army with his worker and peasant troops and those of Comrade Chu De, conquered an enormous stretch of territory in Hunan and Kiangse, and set up Soviets in every locality. The Red Army severely shook the counter-revolutionary Kuomintang regime. The troops in the neighbouring provinces—representing altogether seven army corps—were sent to annihilate this Red Army. For tactical reasons a part of the Mau Tze Dung and Chu De troops left Hunan and went on a campaign to Kwangtung and Fukien, where the revolutionary movement was in a state of ferment. More than half the province of Fukien came under Soviet rule. The crushed peasant movement and the Red Army, which had been driven back into the mountain district in East Kwangtung, were roused to fresh activity by the powerful advance of Mau Tze Dung. With troops drawn from six provinces, i. e. more than 60,000 soldiers, the Kuomintang last summer again took up the fight against the Red Army led by Comrade Mau Tze Dung. This powerful army, however, was not able to drive back the Red Army numbering about 10,000 men. On the contrary, it become subject to a process of constant disintegration, whole brigades at a time deserted it and went over to the Reds.

Comrade Mau Tze Dung was the political leader of the so-called Chu Mau troops. He completely carried out in his sphere the decisions of the sixth World Congress and of the sixth Party Congress of the C.P. of China. He thereby helped to expose and annihilate the reformist illusions among certain sections of the city poor, the peasants, and also the working class, which had been called forth by the "Left" Kuomintang, the third Party and To Da Siu.

Comrade Mau Tze Dung has fulfilled his historical mission as a Bolshevik and champion of the Chinese proletariat in the full sense of the word. The working and peasant masses of China will not forget his achievements, and will continue his work until it is completed.

Marx on the Paris Communards.

ugust Bebel on the Paris Commune.

図18　英語版『インプレコール』に掲載された毛の訃報記事

中国からの報道によれば、中国共産党の創始者にして中国ゲリラ部隊の創立者、そして中国紅軍の創建者の一人である毛沢東同志は、長期にわたる肺結核により、福建の前線で逝去した。

記事はこの通告に引き続いて、毛の経歴を簡単に紹介し、かれが十月革命の影響を受けて中国の革命運動に身を投じ、共産党の活動に加わって国民革命、およびその後の農村根拠地における軍事活動やソヴィエト政権樹立に大きな貢献をしたことを称える。そして、「国際共産主義運動における一人のボリシェヴィキとして、中国共産党の屈強な戦士として、毛沢東同志はおのれの歴史的使命を果たした。中国の労農大衆は、永遠にかれの偉業を銘記し、かれが果たすことのできなかった事業を完遂するであろう」と文を結んでいた。悪い冗談だが、本当にあった記事である。よりによって、国外で最初に出た伝記的記事が訃報だというのだから、事実は小説よりも奇なりとはまさにこのこと、毛が知ったら、さぞたまげたろうが、生前のかれはその訃報記事のことは知らなかったようである。

誰が毛沢東を殺したのか

同志毛沢東を亡き者にしたこの記事の署名は、「Tang Shin-she〔独語版ではVon Tang Shin She〕」で、一見したところ、中国人の人名風だが、恐らくは「通信社」の中国語読み（トン・シン・シャ）ではないかと見られる。どういった「通信社」の配信した訃報なのか、そもそもの情報の出所はハッキリしないが、毛ら「共匪」首魁の死亡のうわさは、当時から中国のメディアにはしばしば流れていた。一九二九

～三〇年あたりであれば、『軍事雑誌』（第一九期、一九二九年十二月）が「福建　共匪毛沢東死矣（共匪毛沢東死せり）」と題して毛の死亡を伝えている。情報の来源は、福建駐留のある師団長が南京政府に送った電文「毛匪沢東が近ごろ龍岩（福建省内陸部の町）で病没した」であった。確かにこの時期の毛は病気がちで、療養が必要なことを伝える中共側の通信（一九二九年八月末）が傍受されている（日本の外務省にも報告されている）。そうした情報に基づいて死亡説が広まったのであろう。

だが、コミンテルンは何と言っても中共の上部組織である。常識的に考えれば、中共自体から正式の報告がない限り、軽率に訃報など出さないはずである。「通信社」とはいったいどんな組織で、どんな根拠やルートで訃報を配信するにいたったのか、正直いってよくわからないことだらけだが、『インプレコール』がその後にこの訃報を訂正したり、取り消したりした形跡はない。うやむやに済まされたのである。ちなみに、この訃報記事には毛の肖像などは附されていなかった。不幸中の幸いと言えよう。この訃報だけでも大失態なのに、仮にその上、黒枠で囲われた肖像など載っていようものなら、後世から物笑いにされる種がもっと増えてしまうからである。

一方、中国国内でいえば、たびたび巷に流れた毛沢東、朱徳らの死亡説は、逆に「朱毛」に神秘性をあたえ、「朱毛」の不死身伝説へとつながっていったと言われる。スノーも、「わたしが赤い中国を訪ねた時にも、毛は例によって、新聞紙上では死亡していた」と冗談めかして書いている。この手の不死身伝説は、民衆のもっとも好むところである。死亡記事も、革命家にとっては、あながち悪いことばかりではないというところだろうか。

第三節　毛沢東肖像画の登場

国民党幹部の集合写真

コミンテルンが誤って同志毛沢東の死を悼んでしまってから四年後の一九三四年、ちょうどフランスで毛の肖像写真なるものを収めた小冊子が出版された年、モスクワでも毛の肖像を掲げた刊行物が相次いで何種か発行された。それらの肖像写真をまず二つ紹介しよう（**図19**、**図20**）。ちなみに、このソ連の刊行物には共に発行年しか記されていないので、一九三四年に発行されたこの二つのどちらが先かは不明である。まず図19は、エレンブルグという人物が編纂・執筆した『ソヴィエト中国』（Эренбург, *Советский Китай*）の収録する毛の写真、同じく図20は『中国におけるソヴィエト　資料文献集』（*Советы в Китае: сборник материалов и документов*）の収録する毛沢東像である。前者は中国におけるソヴィエト革命の歩みと現況を解説した一四〇ページほどの本、後者はその名の通り中国における革命運動の文献を集めた五百ページに近い分厚い資料集である。

図19　『ソヴィエト中国』の毛沢東

図20　『中国におけるソヴィエト資料文献集』の毛沢東

この二枚の肖像を前節で見たパリのフランス語パンフレッ

ト（図16）と並べてみると、この三枚が同じ肖像から派生したものであることが容易に見て取れるはずである。ポイントはこの人物の髪型と詰め襟の白い部分である。一九三四年に揃って登場したこの同じ系統（三種）の毛の肖像は、間違いなく毛本人のものであり、その来源を特定することができる。もとになった写真は**図21**の集合写真である。

図21　国民党幹部の集合写真（丸枠が毛）

この集合写真は一九二七年三月に、武漢で撮影されたものである。写っているのは、国民党の幹部の面々で、写真上部の説明には「中国国民党第二届中央執行委員第三次全体会議開会日紀念　中華民国十六年三月十日在漢口」とある。丸枠で囲んだのが毛で、それを拡大すると**図22**になる。前章で毛の略歴を紹介したさいに述べたように、かれは第一次国共合作の時期（一九二四〜二七年）に国民党幹部としても、それなりの高位にあった。当時の国民党での肩書きは、候補中央執行委員というもので、この候補とは、正規委員に不測、欠員の生じた場合には、正規委員に補充される可能性があるという意味である。それゆえに国民党の中央執行委員会の全体会議に出席し、その開幕日に他の国民党幹部と一緒に写真に収まったわけである。この写真には

（図16） 仏語パンフレットの毛

図22　集合写真を拡大したもの

図23　1927年の毛沢東

毛の他に、宋慶齢《そうけいれい》（孫文夫人、前列中央）を挟んで、その左に孫科《そんか》（孫文の長子）、右に宋子文《そうしぶん》（宋慶齢の弟）の顔も見える。

図22の毛の写真と、先に掲げたフランス語パンフレットの毛の肖像（図16）、およびソ連で刊行された革命宣伝図書の毛の肖像（図19、図20）とを比べれば、国外で発表されたそれら三枚の肖像は、この写真が起源であることが容易に見てとれるであろう。それがハッキリわかるのは図16の写真で、毛の背後には、集合写真で毛の後方に立っていた人の腕の部分がそのまま写り込んでいる。消し忘れた（あるいは消さずにそのまま残した）のである。その写真を複製し、背後の写り込みを消したのが図19、そしてその写真をもとに描いた絵が図20だということになる。図20だけを見た場合、それが毛かどうかは、にわかには判然としないが、こうして何枚かその元写真と並べてみれば、一目瞭然であろう。ちなみに、現在の中国で一九二七年当時の、あるいは国共合作期の毛という説明で流布している写真（**図23**）があるが、一見してわかるように、これもこの集合写真をトリミングして背景を消し、さらに毛の輪郭や表情を少々ハンサムに見えるよう加工したものである。

ソ連と国民党の蜜月時代

ソ連で一九三四年に編集・発行されたパンフレットに、一九二七年の国民党幹部の集合写真に由来する毛の肖像写真が掲載されていたということは、ソ連にはこの集合写真があったということを意味する。ソ連が国民党の写真を持っていた理由は簡単で、同国は一九二七年当時にあっては、国民党にとって最大の支援国だったからである。孫文の進めた国共合作は、その方針が「聯ソ容共」であったように、ソ連との積極的提携を含むものであった。ソ連からは軍人、活動家をはじめとしてかなりの数の顧問が派遣され、大量の武器や資金も送られていた。それゆえ、国民党の党幹部が正装して撮ったこうした写真が、かれらの友邦へ送られたということは充分にあり得よう。

国民党とソ連の友好関係は、この集合写真が撮られて間もなく、一九二七年半ばの国共分裂に伴って終幕を迎え、同年末に共産党が起こした暴動（広州暴動）へのソ連関係者の関与が発覚して、一転断交状態となる。いわば毛の写ったこの写真は、ギリギリのタイミングでソ連にわたったということになるのである。そして一九三四年前後、モスクワ駐在の中共代表団の誰かが、その写真の中に毛が写っていることを何かの拍子に見つけたのだろう。折から中国革命の宣伝パンフレットを準備していた代表団の王明や康生は、まずそれをトリミングした上で、パリで発行するフランス語パンフレットに掲載、さらにそれが再加工を経て、図19、図20のような形でソ連の刊行物に収録されたと考えられる。

一九二七年の集合写真起源の毛の肖像は、その後ソ連では様々な刊行物に採録されるようになる。**図24〜28**はその一例である。このうち、図24〜25は、先のフランス語パンフレットのように中国革命の歩

図24　『中華ソヴィエト第二回代表大会』の毛沢東

図25　露語雑誌『民族・植民地問題』の毛沢東

図26　露語雑誌『国外』の毛沢東

みを解説する刊行物に、そして図26～28は伝記や著作集といった毛を直接扱った刊行物に付されたものである。画風やタッチこそ微妙に異なるとは言え、どれもこれも同じオリジナルから派生したものであることは明らかだろう。見る者に与える印象でいえば、コミンテルンの機関誌に載った図27などはやや端正な感じだが、図26などは版画のせいか、眼窩《がんか》が黒くどこか陰険な人物に感じられる。他方、図25（一九三七年）あたりになると、やや柔和な表情をした毛はどこか幼く、頼りなさげに見える。こんな風に見ると、同じ写真から作成されたものであっても、描き方や加工の仕方ひとつで、人の印象は大きく異なるものである。

使われ続ける写真

もう一つ興味深いのは、この系列の毛沢東像は下って一九三七年になっても、まだ使われているということである。オリジナルの撮影が一九二七年だから、それらの毛像に接したソ連の読者は、実際より十歳も若い毛を見せられてい

図29　『チャイナ・トゥディ』の毛沢東

図28　ハマダン『中国人民の英雄的指導者』の毛沢東

図27　コミンテルン機関誌（1935年）の毛沢東

たことになる。一九三七年といえば、スノーはすでに毛との会見を含む取材を終えて『赤い星』の執筆をしていたころ、また毛との会見記録の一部は、『赤い星』の刊行に先立ち、毛の写真（本書10頁、図6）付きで前年の一九三六年十一月に上海の英文雑誌に発表済みであった。そういった情報は、すんなりとはソ連に伝わらなかったらしい。あるいは、第六章で述べるように、ソ連はスノーの『赤い星』を必ずしも評価していなかったから、スノー撮影のものを使わず、安易に古い肖像を焼き直して事足れりとしていたのかも知れない。

ついでに言うと、かつて一九三四年に画才のない人物による「さえないおじさん」風の毛沢東像を掲載したアメリカの雑誌『チャイナ・トゥディ』も、翌年になると集合写真起源の毛像（図29）に転換することになり、さらに三六年、三七年でもそれを掲載し続けた。おのれの不才を悟ったというよりも、かれらアメリカ左翼陣営の本部でもあるソ連の刊行物が、よりそれらしく見える毛像を提示してくれた

（図26）ためだろう。

このように、少々古いものとはいいながら、ソ連では一九三四年以降、毛の肖像を掲載する刊行物が相次いで出版された。そして同時に、真の意味で——つまり誤って流された死亡記事のようなものではなく——毛の経歴や人となりを紹介する記事、すなわち毛の伝記が初めて執筆・発表されることになる。それが図26の肖像画を付した伝記記事「毛沢東——略伝」である。この伝は、中国国外で書かれた最初の毛沢東伝でありながら、これまでほとんどかえりみられることのなかった作品で、当時のソ連が毛をどのように認識していたかをうかがう上で、極めて貴重なものである。節を改めて詳しく紹介しよう。

第四節　ロシア人エレンブルグの見た毛沢東——国外最初の毛沢東伝

エレンブルグの毛伝

中国国内で初めて発表された毛の伝記（あるいは紹介記事）が、第一章でふれた「共党主席——毛沢東」（一九三二年七月）であるとすれば、国外で最初に発表された伝記は、一九三四年十一月にソ連の国際時事評論雑誌『国外〔*За рубежом*〕』三一号に掲載された「毛沢東——略伝」（Мао Цзе-дун — Очерк）である。それまでも、ソ連の新聞『プラウダ』やコミンテルンの機関誌などの中国革命関連報道に、毛沢東の名前が登場することはしばしば見られたが、かれ個人について、伝記的記事が現れたのは、これが初めてであった。雑誌『国外』は、外国の様々な時事問題を紹介・論評する専門誌である。著者は中国問題専

МАО ЦЗЕ-ДУН

図31　『国外』31号の「毛沢東——略伝」

図30　エレンブルグ

門家のロシア人、ゲオルギー・エレンブルグ（Г. Б. Эренбург, 1902–67　図30）、かれは一九二〇年代半ばに訪中した経験があり、のちには中国史の研究者としてソ連で知られるようになる人物である。一九二〇年代半ばに中国に行ったことがあるということは、恐らく国民革命の時期に、革命運動を援助するために来華した多くのソ連人員の一人として、中国を訪れたということなのであろう。

エレンブルグの「毛沢東——略伝」（図31）は、分量にしてわずか一ページ半ほど、短いものではあるが、当時のソ連における毛のイメージや評価を知る上でも、あるいはその後に広まっていく毛イメージの原型を知る上でも、極めて貴重なものである。これまでほとんど知られていなかったものゆえ、全文を日本語に翻訳し、本書末尾に附録として収録しておいた。興味のある読者は一読せられたい。一方、その版面を一瞥すると、右上に毛の肖像画が掲載されているのが目につく。先に説明したように、やや陰険な印象を与えるこの肖像は、一九二七年の国民党幹部の集合写真に由来するもので、それをこの版画に仕立てたのは、ソ連の女性版画家、アンナ・クリツカヤである。漢字で「毛澤東同志」という文字も彫られており、その字体の自然さからいって、元の字を書いたのはその女性版画家ではなく、中国人であっただろうと想像される。

実はエレンブルグはこの伝記の執筆と相前後して、中国の革命運動を紹介する冊子『ソヴィエト中国』（本書五八頁参照）も同じ年に編纂し、ソ連共産党関係の出版社より刊行している。まさに中国問題の専門家によって執筆されたのがこの毛沢東伝なのである。では、この短い伝の中で、毛はどのような人物として描かれていたのであろうか。

「湖南農民運動考察報告」

まず指摘しておくべきは、ある意味では当然だが、全篇を通じてかれが中国の農民革命運動を指導する優れたリーダーとして、肯定的に描かれていることであろう。「〔北伐の時期〕毛沢東は湖南と湖北の農民運動のリーダーであった」、「毛沢東は農民の中にいた。かれは農民たちとともにいて、戦いの中心にいた」などの表現は、毛が農民運動の現場に身を置き、農民とともに戦う優れた革命家であることを明示している。さらに興味深いのは、そのさいに毛が一九二七年に発表した「湖南農民運動考察報告」が引用されていることであろう。革命なるものの激しさを肯定した毛の言葉として、よく知られている以下の文言が引かれているのである。

革命とは、客を招いてごちそうすることでもなければ、文章を練ったり、絵を描いたり、刺繍をしたりすることでもない。そんなお上品でおっとりとした、雅《みやび》やかなものではない。

毛の原文はこのあと、「革命とは暴力である。一つの階級が他の階級を打ち倒す、激烈な行動なのである」と続くのだが、その部分は紹介されていない。「客を招いて……」という印象的な前段を読めば、それで十分に毛の考えや感覚が伝わるということなのであろう。さすがは中国問題の専門家、エレンブルグと感心したくなるが、実は毛の「考察報告」がソ連で紹介されるのは、これが初めてではなかった。かれの「考察報告」は、中国での公表（一九二七年三月）からほどなく、コミンテルンの権威ある機関誌『コミュニスト・インターナショナル』各国語版に掲載されているのである。ロシア語版でいえば、一九二七年五月発行の号に「湖南の農民運動」というタイトルで、ロシア語訳が掲載されている。毛の著作が国外のメディアで紹介されたのは、これが最初である。

ただし、『コミュニスト・インターナショナル』では、それが誰の著作なのかは記されていなかった。無署名なのである。この翻訳が発表された一九二七年五月という時期に注目すれば、当時コミンテルンは、農民運動の行き過ぎを是正しようとする陳独秀ら中共指導部にたいして苛立ちや批判を強め、土地革命の即刻実施を命じていた。そうした中で毛の報告が翻訳され、コミンテルンの機関誌に載ったのだから、コミンテルンの意図は明白である。つまりは、中国の農民運動は激しく燃え上がっている、現に中国の現場からはそれを肯定する現地党員の報告が出ているではないか、それなのに今の中共指導部ときたら、運動の押さえ込みに躍起になっている、中共の現指導部は更迭すべきだ、という文脈の中で、毛の報告は利用されたのである。

翻訳掲載の狙いがそのようなものであってみれば、当然に毛の名前をわざわざ掲げる必要はなかった。いうなれば、モスクワが求めたのは、農民運動の激しさを肯定するある現地中国人党員の声であって、毛沢東なる人物の声ではなかったわけである。現に当時のコミンテルンの幹部だったブハーリンは、中国問題に関する会議の演説で、「たぶん、一部の同志はわが煽動員の一人が湖南省内の旅行のことを記した報告を読んだことと思う」として、この報告に言及していた。当時、ブハーリンらコミンテルンの幹部は、この湖南の一煽動員がやがて中国革命の偉大なる指導者として、その名をとどろかせることになろうとは、思いもしなかったであろう。

農民運動の指導者

それから七年後、この報告は中国のある煽動員の報告としてではなく、毛沢東なる人物を知るために、改めて引用されるに至った。中国問題の専門家として、エレンブルグは「湖南の農民運動」なる匿名の文章が毛の著作であることを突きとめ、それを伝の中で引用したわけである。そのさい、エレンブルグは、かつての『コミュニスト・インターナショナル』掲載の訳文をそのまま使うのではなく、あらためて原文をチェックしたと見られる。*すなわち、「毛沢東——略伝」は『コミュニスト・インターナショナル』掲載版では省略・削除された箇所も、引用紹介しているからである。

　こうして引用された毛の著作は、確かに時期的にはだいぶ前のものではあったが、毛らしさを伝える上では、適切な選択であったと言ってよいだろう。そして、先に紹介した農村革命の現場で活躍する毛の描写なども合わせ見るならば、エレンブルグは毛沢東を農村革命の指導者として、大いに評価していたとみて間違いない。さらに言えば、当時のソ連のイデオロギー・メディア部門のメカニズムからして、その評価や認識はエレンブルグの個人的見解というよりも、コミンテルンやソ連共産党といった、より高いレベルの組織のそれを反映したものだったはずである。毛沢東といえば、決まってコミンテルンやソ連から冷たいあしらいを受け、排斥されていたと言われる。いわば、土着派の毛はモスクワから継子《まま こ》いじめのごとき扱いを受けてきたというのが世評だが、このエレンブルグの毛伝を見る限り、正しいとは言えまい。むしろ、モスクワは毛の革命家としての資質を好意的に見ていたという方が事実に近いのである。

＊　より正確に言えば、毛の「湖南農民運動考察報告」は、コミンテルン機関誌のほか、ソ連の専門誌にも訳載されていた。例えば、『革命の東方』の一九二七年第二号には、より正確な全訳が毛沢東の署名付きで載っているから、エレンブルグはそれらを見たのかも知れない。

第五節　雨傘を持つ革命家

病弱な革命家

「毛沢東――略伝」の面白さをもう少し続けよう。この略伝に見える毛沢東は、どうも病身である。毛の外見は「農民風で痩せた背の高い青年」なのだが、他方で、農村根拠地を切り開く闘争においては、体調はよくなかったようで、「健康状態が悪かったにもかかわらず、毛沢東は、前敵委員会のリーダーだった」と述べられている。外見が農民風かどうかは意見が分かれよう。先に示したスノー撮影の写真（図5）を見れば、なるほど田舎からやってきたおじさんと言ってもおかしくはない。晩年とは違って、青壮年期の毛がやせ形だったことは確かである。背も中国人男性の平均よりは高かった。

他方、病気持ちの革命家というイメージが、ここでも顔をのぞかせるのは興味深い。すでに本章第二節を読んだ読者には、余計な説明は要らないだろう。そう、ここで出てくる病気持ちのイメージは、コミンテルン情報誌にかつて誤って流れた訃報――「毛沢東同志は、長期にわたる肺結核により、福建の前線で逝去した」――に見られるような、毛＝肺病患者という先入観がエレンブルグにも影響したからではないかと考えられるだろう。

「毛沢東――略伝」には、ほかにもいくつか詮索したくなる小ネタはあるが、何と言っても面白いのは、「雨傘を持った革命家」というイメージが繰り返されていることである。短い文章の中に、「雨傘」を持った毛青年が三回も出てくる上に、文章の結びが「ソヴィエト中国のこの指導者は、中国農民の服を身にまとい、油紙の大きな傘を手にする革命家なのだ」なのだから、傘へのこだわりは生半可ではない。なぜ毛は雨傘（直訳すると「油紙の傘」だが、中国だから「番傘」「唐傘」のことである）を持っているのか、あるいは持っている必要があるのか。

毛沢東と雨傘

試みに中国の人に「毛沢東」と「雨傘」という二つの言葉を投げかけてみれば、多くの人、特に中年以上の人なら、その組み合わせに取りたてて違和感を覚えることはないはずである。なぜなら、かれらはその言葉の組み合わせによって、昔懐かしいある名画を思い描くからである。それが図32の作品「毛主席　安源《あんげん》へ行く」である。ご覧の通り、若き毛は小脇に雨傘を抱えているではないか。どういうことか。まずはこの絵から説明しよう。

図32　「毛主席　安源へ行く」

油絵「毛主席　安源へ行く」は、一九六七年に中国人洋画家・劉《りゅう》春《しゅん》華《か》によって制作された作品である。時まさに文化大革命のさなか、当時は毛沢東崇拝の芸術作品が無数に制作されたが、その中でもこの絵は特に高く評価され、五億枚とも九億枚とも言われる複製（ポスター）が作られ、国中にばらまかれた。単純に言えば、中国人民が一人一枚持っていた勘定になるわけで、中国史上、さらには世界史上、最も多く印刷された絵画とも言われる。絵とその画家の物語（絵は国家指導者にも称賛され、いったん革命博物館の蔵品となったが、文革終了後に劉が博物館から引き取り、その後複雑な経緯をたどってオークションに出品されたため、その所有権をめぐって裁判沙汰になった）も面白いのだが、今はこの絵の制作過程と傘の話に限定する。

この絵は、若き毛が一九二一年ごろに、湖南省の炭鉱町・安源に労働運動の指導に赴く様子を描いたものである。画中の毛青年が雨傘を持っている由来については、作者の劉が証言を残している。かれの語るところによれば、作画のために安源の元労働者たちに取材をして、当時の毛の身なりや容貌について尋ねたところ、何人かの老人が「あのころの毛主席は、藍染めの長衫《チャンシァン》（男性が着るガウンタイプの中国服）を着て、傘を背負っておいでなさった」といった証言をしてくれたので、それを絵に描き込んだのだという。また、この絵を見た毛自身も、「なかなか良いが、服はこんなに上等で新品じゃなく、いつも古着だった。傘は、確かにしょっちゅう雨が降るので、昔は外出する時にはいつも持っていたものだ」と語った（と劉は聞かされた）らしい。むろん、安源の元労働者にせよ、画家にせよ、毛にせよ、かれらはいずれもエレンブルグというロシア人の書いた毛沢東伝があることなど、知るよしもなかった。伝の中の毛が傘を持っていることとは全く無関係に、こうした証言をしているのである。

では、エレンブルグの方はどうか。一九三四年のかれは、恐らく毛に会ったことなどないはずで、いつも傘を持ち歩いていた毛の姿を見ていたとは考えられない。安源の労働者の回想録も、「毛主席 安源へ行く」という作品も、かれが知っていた道理などあろうはずもない。なのに、なぜこんなにまで描写が一致するのか。

傘を差す兵士

その答えは、毛が絵を見て漏らしたという感想、すなわち「傘は、昔は外出する時にはいつも持っていたものだ」に含まれていよう。そう、昔の中国では誰もが傘を持ち歩いていた、少なくとも外国では中国人は傘を常時持ち歩くと信じられていたのであった。その象徴が、傘を持って行進する中国軍兵士という存在である。

図33　雨傘を背負って行軍する中国兵

図33をご覧いただきたい。これは一九二〇年代の終わりか三〇年代初めごろに撮影されたと見られる行軍中の中国兵である。軍装から国民革命軍、つまり国民党軍の一部隊と思われるが、一人一人みな傘を背負っている。行軍中の兵隊が雨に備えて傘を持つとは……。この軍隊、今日の我々が見ても、変な「ゆるさ」を感じるのではなかろうか。子供の遠足ならいざ知らず、生死をかけて戦うはずの「暴力装置」が、こんなに脳天気でよいのか。傘を差したら片手が使えないじゃないか、傘は敵の格好の標的になるじゃ

ないか。中国の兵隊はかくもたるんでいる、惰弱である等々、傘を差す中国軍は、かねてより外国人の笑いのタネであり、中国という体制の、ひいては中国人の気質の象徴と見られたのだった。

傘を携帯する中国の軍隊は、日清戦争以前から目撃されており、明治自由民権運動で活躍した小室信介は、その中国旅行記（『第一遊清記』一八八五年）の中で、「雨中ニ兵卒各個ニ雨傘ヲサシテ進行スルガ如キ、其他其ノ擧動ニ至リテハ、抱腹絶倒ニ堪エザルモノ有ルナリ」と述べている。「抱腹絶倒」というのだから、今流に言えば「ウケる」である。下って日中戦争時期にも、「支那兵」は戦闘中でも雨が降ったら傘を差すという言説は健在で、中国戦線からの帰還兵が戦利品として持ち帰ってくるものに、しばしば青竜刀（大刀、ダンビラ）と傘（あるいは大笠）があがっている。

要は、中国人は傘を常備し、外出する時には必ず携帯するのだという言説、ないしは伝聞が、ソ連の中国問題専門家にも根を下ろしていたのである。あるいは、エレンブルグはかつて一九二〇年代半ばに中国を訪れたさいに、国民革命軍が先の写真のように、傘を背負っているような様子を実見したのかもしれない。いずれにせよ、「中国人と言えば雨傘」イメージが毛についても適用されたのであって、つまりは仮にエレンブルグの紹介したのが別の人物だったとしても、中国人である限り、その人物は雨傘を持たされたことだろう。一昔前の日本人が、みなカメラをぶら下げていたように描かれたのと、本質的には同じことである。

和尚が傘を差す

少し方向がずれるが、毛と傘といえば、もう一つ面白いエピソードがある。後年、人民共和国の偉大な指導者になったあと、毛は一九七〇年十二月にインタビューを受けて自分という人間について語ったさい、おのれのことを「和尚が傘を差す（和尚打傘）」だと述べたことがある。この言葉を聞いたのは、ほかでもない、かつて毛を世界に初めて紹介したエドガー・スノーである。

スノーは同年、生涯で最後となる訪中をし、毛と長時間にわたって会見、毛はその旧き友人にたいし、自らをそう評したのだった。後でも触れるが、スノーはあまり中国語ができない。当然に通訳がついていて、それを英語にしてやった。竹のカーテンの向こうで神の如き存在となった毛が自分のことを語るなど、極めて珍しかったから、スノーはその言葉をアメリカのグラフ雑誌『ライフ（*Life*）』で紹介した――「自分は破れ傘を手に、世をさすらう孤独な僧侶にすぎない」と。スノーは、単に「和尚が傘を差す」では分かりにくかろうと考えたか、潤色したのである。『ライフ』（一九七一年四月）の記事の原文は、毛を三人称にしているが、それを一人称に直すと、毛のセリフはこうである。

I am only a lone monk walking the world with a leaky umbrella.

自分を孤僧に喩えるこの語りは、いくぶん謎めいており、印象に残るフレーズだったせいか、『ライフ』の記事の小見出しにも「a lone monk with a leaky umbrella（破れ傘を差す孤独な僧侶）」の文字が引用されていた。旧友スノーにもらしたこの言葉は、報道されるやいなや、さまざまな解釈を生んだ。曰く、「文革を推進する自分の気持ちを誰もわかってくれないという指導者としての孤独を言っているのだ」、また曰く「熱狂的崇拝を浴びながら、一方では孤高なる自分を見つめる深い哲学的思考をしているのだ」などなど。一九七六年に毛が死んだときも、日本の新聞の中には、「晩年の〈毛沢東〉主席がスノー氏に『自分は破れがさを片手に歩む孤独な修道僧にすぎない』ともらした言葉は、この不世出の革命家の内面を知る上で実に印象的だ」と評するコラムを載せる全国紙があったほどである。

ところが、毛は決してそんな深い意味で、自分は傘を差す和尚だと言ったのではなかった。「和尚が傘を差す」とは、中国語の言葉遊びの一種である。前の句を言うだけで、決まった後の句を連想させるというもの（中国語で「歇後語《けつごご》」という）で、「和尚打傘」と言えば、後の句は「無髪無天」である。すなわち、お坊さんが傘を差せば、「髪もなければ天もない」となるが、さらにその「髪《ファ》」が「法《ファ》」と同音なのがミソで、「無法無天」、つまり「法も天道もお構いなし」になるというわけである。

毛は、良く言えば「天衣無縫」、悪く言えば「気の向くままに無茶苦茶やる」という自分の気質を、「和尚が傘を差す」という言葉に托して伝えようとしたらしいが、どうやら通訳はその言外の意味までは、うまく訳せなかったと見える。スノーにしても、中国語はよくわからないから、「私は傘を差した僧です」と言われて、自分なりの解釈をまじえた英語にしたのだろう。毛も、何もこんなタイミングで外人相手に「歇後語」を繰り出さなくてもよさそうなものだが、そこがまさに「気の向くままに」行動する毛の毛たる所以なのだろう。結局、世に報道されたのは、その英語のフレーズのみで、その原語が「和尚打傘」であったことは報じられなかったから、皆スノーの「迷訳」をそのまま毛のセリフだと信じるほかになかった。あまりにも罪な報道である。

その時のスノーがなぜそんな「迷訳」をしたのか、たいがいは通訳とスノーの不学や誤解が重なったせいだと言われるが、その謎解きに例の油絵「毛主席 安源へ行く」というピースを入れてみるとどうだろう。そう、スノーはその訪中時に、至るところでその絵（傘を抱えて独り野を行く毛青年）を見ていたために、「傘を差した和尚」と聞いて、「世界をさすらう孤独な毛」という方向にインスピレーションが働いてしまったのだ、という新解釈が可能になるではないか。この新説（珍説）が学界に受け容れられるかどうか、自信はないが、とにもかくにも、毛と傘とはよくよく不思議な縁でつながっていると言えよう。

第三章　国際共産主義運動への姿なき登場

第一節　毛沢東を持ち上げる王明――初の著作集の出版

モスクワで出た最初の著作集

エレンブルグの毛伝をはじめとして、一九三四年は毛沢東の肖像がソ連の刊行物に一斉に登場した年だった。もっとも、先にも述べたように、それらの写真や像は、元をたどれば、例外なく一九二七年の集合写真に行き着くものであった。エレンブルグの毛伝のほかで注目に値するのは、その毛伝に付された肖像（図26、図29）と同じ様式の肖像をつけ、同年に同じくモスクワで刊行された二種類の中国語冊子である。この二種の冊子は、それぞれ『ソヴィエトだけが中国を救える（只有蘇維埃能够救中国）』、『経済建設と査田運動』という書名で、両者ともに「蘇聯外国工人出版社」が出版元である。この出版社、その名の如く、ソ連に暮らす外国の勤労者、つまりは各国の共産党・労働団体のための出版社で、この冊子のように中国語版の図書も刊行していた。この二種の冊子が貴重なのは、共に毛の肖像画を付していることもさりながら、むしろそれらが単行本の形で発行された最初の毛の著作集だからである。

この二種の冊子が刊行された一九三四年という年は、モスクワはいざ知らず、はるか離れた中国の農村に根拠地を構える共産党にとっては多事多難の年であった。前年秋からの国民党による包囲討伐が、ギリギリと江西省南部の根拠地を締め上げていたからである。一月に瑞金で召集された第二回の中華ソヴィエト全国代表大会は、国民党の大軍との戦いのさなか、何とか開催にこぎ着けたが、その二カ月後には、瑞金の北百キロにある最後の要衝の町が陥落して、根拠地防衛は事実上不可能となり、ついにその秋には瑞金を放棄する事態になっていくのである。毛はこの時期、かれの独善的なやり方をよしとしない留ソ派をはじめとする党内のライバルたちによって、党務・軍務の一線から引きずりおろされ、不遇をかこっていた。政府首脳を決める選挙が行われる中華ソヴィエトの第二回大会でも、毛は政府主席（元首に相当）には再任されたものの、人民委員会主席（首相に相当）には再任されなかった。むろん、選挙とは言っても、中共側が事前に用意した名簿通りになるように差配されているのである。

こうした毛の不遇について、モスクワの中共代表団（王明ら）は充分な情報を持ち合わせていなかったらしい。中華ソヴィエトの大会や政府人事については、中共中央が独断で決めるのではなく、事前にコミンテルン、およびかれら代表団に通知して了承を得るものとされていたにも関わらず、一九三四年一月の第二回大会では、そうした事前折衝のないまま（通信事情の悪化もあったらしい）、現地の毛のライバルたち（秦邦憲《しんほうけん》、張聞天《ちょうぶんてん》ら）が毛からいくつかの肩書きを奪っていた。モスクワの王明らが詳しい選挙結果を聞かされたのは、半年もたった九月になってからだったため、面子をつぶされた形になった王明らは、秦邦憲らにたいして「大いに不満である」と書き送っていた。「不満」の理由はいくつかあっただろう。いちばんの理由は、もちろんモスクワ（コミンテルン）の権威がないがしろにされたことだが、それだけではない。実は、王明らは選挙結果を待たずに、毛を指導者、看板として、中国のソヴィエト革命運動の対外宣伝を始めてしまっていたのだった。一九三四年夏にモスクワで、毛の肖像画を付して出された二種の中国語冊子とは、そうした思惑の産物だった。

二種の冊子

『ソヴィエトだけが中国を救える』（全一一二頁、図34）は、一月に瑞金で行われたソヴィエト第二回大会の報告資料集で、大会の経過やそこでの報告を収録したものである。同大会の模様と関連資料は、中国現地の党の機関誌『闘争』（六六号）に掲載されており、モスクワの冊子はそれらを編集し直したものだった。先に述べたように、毛はこの大会後には、人民委員会主席のポストから外されることになるが、第一期の政府では政府主席にして人民委員会主席でもあったので、その肩書きでこの大会で政治報告を行ったのである。したがって、形式的にはこの冊子は大会報告集だが、同時に毛の講演集ともなっていたということになる。

図34 『ソヴィエトだけが中国を救える』の表紙

毛の大会報告自体は、二日間にわたって——もちろん、途中に休憩などが挟まるわけだが——行われた。中華ソヴィエトは形式上は「国」である。その元首が、日本で言えば国会の施政方針演説に相当する口頭報告を、二日にわたって行うというのだから、今日とはだいぶ様子が違う。ただし、しんどい仕事のように見えるかも知れないが、実は中共に限らず、昔の共産党はみな大変に会議好きで、その指導者たるや、二、三時間の演説くらい朝飯前だった。毛沢東も、ひとつの報告を二日間かけて行ったことは、これ以外にも何度かある。指導者はそのくらいの精力――俺の話を聞け！――がなくてはつとまらないのだ。

もう一つの冊子『経済建設と査田運動』（全四十五頁）は、その『ソヴィエトだけが中国を救える』とほぼ同時に出版されたもので、序言によれば、中国現地の共産党機関誌『紅旗』に載った毛の文章三篇をまとめたものとある。その三篇は、いずれも毛の署名で発表されたものなので、それを収めたこの冊子自体も、「毛沢東著」となっている。世に「毛沢東著」と記される著作集は星の数ほどあるが、毛の複数の著作を収録した本は、これが最も早いもので、収集家にとっては、超レアものである。もっとも、昔の「赤い本」（紅色文献）が投機の対象にすらなっている今の中国では、毛の初期著作集と言えば、一九四九年以前に共産党支配地域で編纂・発行された各種の旧版『毛沢東選集』にばかり注目が集まっていて、骨董市場では法外な値段がついている。それに対して、中国語の本とはいえ、モスクワで出された本ゆえ、中国ではこの最も早い毛の著作集の存在は、ほとんど忘れ去られているのが実情である。

さて、モスクワで出版された上記二種の冊子には、版画版（図29と同じもの）の肖像は付けられているが、著者紹介、すなわち毛の伝記は付けられていない。先に述べたように、最初の毛伝はこの冊子の数カ月後に出るエレンブルグのものを待たねばならないのである。この二種の冊子を出すのに尽力したのは、王明であった。共産党の歴史を少しでもかじったことのある人は、意外に感じられるかも知れない。この王明こそ、コミンテルンの権威をバックに、毛を抑圧した張本人と言われることが多いからである。先にコミンテルンと中共の関係を説明したさい、中国の実情も知らないくせに、コミンテルンの権威を振りかざして大きな顔をする留ソ派の若造に言及したが、その代表こそが王明だった。

王明、毛を支持す

だが、この時のかれは毛の味方だった。中華ソヴィエト第二回大会から半年ほどして、ようやく大会文書を受けとった王明は、一九三四年八月に中共中央に書簡を送り、以下のように通達していた。

毛沢東同志の報告と結論は、若干の誤りを含むとはいえ、意義のある歴史的文献である！　この報告が明らかに中国ソヴィエトの成果と中国共産党の進歩をしっかりと映し出していること、そしてこの報告の内容も中国ソヴィエト運動における毛沢東同志の豊かな経験をしっかりと映し出していることを、我々とインターの同志は一致して高く評価する。

その上で、王明は直ちにその報告を冊子にして刊行するのみならず、数カ国語に翻訳して刊行するとまで豪語していた。さらに一カ月後、王明は中共にたいして、今度は次のように書き送っている。

毛沢東同志の報告は、すでに中国語版を出した。クロス貼りの表紙、タイトルは金文字、上質紙で非常にきれいな本である。中国のどんな出版社もこれほど美しい本は出せまい。また、その報告と同時に毛沢東同志の文章（こちらでは三篇しか見つからない）を集めて、小さい文集を出した。……

装幀は報告と同様で、それらの書籍は、中国のソヴィエト運動の宣伝に、きわめて大きな役割を果たすことだろう。

どうだろう。王明の得意ぶりが伝わってくるではないか。上記の二通の書簡からも明らかなように、肖像を載せて一九三四年に出た毛の二種の著作集は、王明の肝いりで出版されたのである。そういえば、先に紹介したパリで出た毛の肖像写真入りフランス語パンフレットも、王明らが主導して同じ一九三四年に刊行したものだった。王明にとって、毛は中国ソヴィエト革命の輝ける星だったのである。

もちろん、王明にも打算があっただろう。毛という現地指導者の活躍は、王がコミンテルンで活動する上で、何ものにも代えがたい政治資本であった。はるか離れた中国の農村で毛が活躍してくれればくれるほど、モスクワの王明は毛という看板を掲げて幅を効かすことができるというもの、綺麗な装幀の冊子を二つ出版してやるくらい、安いものである。ところが、その出版の直後に中国の共産党本部から寄せられたのは、先に紹介した報告、つまり事前の相談なしに決められた選挙の結果報告（毛を政府の人民委員会主席に再任しない）だった。毛の売り出し活動をすでに始めていた王明が、「大いに不満である」と怒りをあらわにしたのも当然であろう。今さら引っ込みがつかないじゃないか！

ちなみに、モスクワでのキャリアの長い王明は、それまで毛とは面識はなかったはずだから、その冊子に付けた毛の肖像画、つまり七年ほど前の毛の姿を見て、どんな人物なのか想像をめぐらしたことだろう。そのころの王明は、やがて毛とおのれが、党の主導権をめぐって生きるか死ぬかの対立関係になろうとは、むろん知るよしもない。確認しておくべきは、一九三〇年代前半、特に一九三四年に毛の存在がモスクワでも認知され始めたころ、王明は毛を経験豊富な中国革命の指導者として、それなりに高く評価していたということ、さらに言えば、国際共産主義運動の舞台で、毛を中国革命の星として積極的にプロモートしたのは、他の誰でもない、王明その人であったということである。いま風に言えば、このころの毛と王とは、「ウィン・ウィン」の関係だったというところだろうか。

王明が後押しして出したこの記念すべき毛の初の著作集、そこらでは見かけないほど立派な作りの冊子だったらしいが、中国にいる毛が瑞金でそれを手にとることはなかった。モスクワで冊子が出て間もなく、共産党と紅軍はついに首都の瑞金を放棄して、長征に旅立ったからである。モスクワから冊子は送られたであろうが、あて先に受けとり人はいなかったのだった。

第二節　ハマダンの毛沢東伝

長征の旅

毛沢東は一九三四年秋、長征部隊とともに江西省南部の根拠地を後にして、西に向かった。最終的に移動距離が総計一万二千キロを超えるほどの長途跋渉《ちょうとばっしょう》となったため、その大行軍は、「二万五千里の長征」（中国の一里はおよそ〇・五キロ）と称される。出発時の人員十万が、途中の戦傷や離脱、逃亡によって、最後には一万を割るまでになったと言われているほどの苦難の旅だった。

毛はこの長征のさなか、貴州省の遵義という町で開催された共産党幹部の会議で、この撤退・敗走の責任を問う形でそれまでの党指導部を批判し、一線の指導に復帰した。一九三五年一月の「遵義会議」とその後の長征の展開は、毛の歩み、とりわけ党指導者への道を語る上で、大事な転換点なのだが、毛のイメージについて言えば、当時の共産党にも毛にも、対外的な宣伝活動を顧みるような余裕は全くなかった。毛沢東イメージ、さらには共産党の対外広報は、それまで同様、あるいはそれまで以上に、モスクワからの発信に委ねられることになったのである。

長征の途上、中共中央は基本的にモスクワとの通信不通の状態に置かれた。江西南部に「国」を構えていたころには、不安定ながらも無線通信によって、モスクワ、あるいはその出先である上海のコミンテルン関係部門と連絡を取り合うことができたが、大型無線機の運搬と暗号コードの変更は、敵の追撃を受ける中で困難となり、やがてモスクワとの交信途絶という事態に追い込まれてしまったのである。

折しも、敵軍との戦闘と行軍に明け暮れた一九三五年には、夏にモスクワでコミンテルンの世界大会（第七回大会）が開かれ、またその翌年の一九三六年は、中共が第一回大会を開いてから十五周年の節目の年にあたっていた。コミンテルン大会にせよ、創立記念行事にせよ、本来なら党を挙げて準備に取り組むべき活動だが、国内の党中央がこういった苦境にあったため、結果として、それらはすべてモスクワの中共代表団が代行するところとなった。例えば、中国の幅広い勢力に抗日の共闘を呼びかけた文書として知られる一九三五年の「八一宣言」は、名義こそ党中央になっているが、実際の作成・発表者が王明らモスクワの中共代表団だったことが今日ではあきらかになっている。

ハマダンの書いた毛沢東伝

毛についての広報・宣伝も、党創立十五周年の記念活動に組み入れられ、連絡のとれない中共中央に代わって、モスクワのコミンテルン、および中共代表団が主導することになった。そのさいに改めて作成されたのが、前掲図27の肖像画を付した毛の評伝「毛沢東――中国勤労民衆の指導者」である。

この評伝は、本書でこれまで何回か紹介した最も権威あるコミンテルンの機関誌『コミュニスト・インターナショナル』の各国語版に、一九三五年末から翌年初めにかけて、相次いで掲載された。著者署名は、それぞれの言語版によって、H（独語版）、X（露語版）Ch（英語版）、何（中国語版）と若干異なる――発音はいずれも「ホー」――が、正しくはハマダン（A. Хамадан, 1908-43）というユダヤ系ロシア人のジャーナリストである。かれは当時、ソ連の日刊紙『プラウダ』の外報部記者で、それ以前には中央アジアで活動し、一時中国のハルビンのソ連領事館の情報局主任をつとめたこともあるといわれる。いわば、アジア問題にも明るいジャーナリストであった。ただ、その後に第二次世界大戦（独ソ戦）にさいして従軍記者として活動する中、クリミア半島のセバストポリで捕まり、のちに殺されている。

ハマダンの毛伝に付された肖像画は、本書の読者にはもうお馴染みとなった一九二七年の武漢での集合写真由来のものである。同系列の写真、版画、スケッチの中では、タッチといい風采といい、最も良い出来映えに見える。十年近くも前の写真を元にしているという点さえ除けば、挿絵の肖像画としては、非の打ちどころはないだろう。ただ、この肖像画は、独語版と露語版にのみ付いていて、英語版や中国語版にはついていない。せめて中国語版にはつければよいのにという気がするが、やはりコミンテルンでは独語と露語は特別扱いだったと見える。

さて、その伝記の中身に移ると、各国語版の間には問題になるような異同はなく、ほぼ同じ文面である。分量は六ページほどで、前章で取りあげたエレンブルグの毛伝よりもずっと多く、本格的な伝記と言ってよかろう。ちなみに、ハマダンはほぼ同じ時期に、『プラウダ』にも毛の紹介記事を載せている（一九三五年十二月十三日、肖像画などは付けられていない）。タイトルは「中国人民の指導者――毛沢東」で、『コミュニスト・インターナショナル』に載せたものよりも短いが、ほぼ同趣旨、つまりはダイジェスト版といったところである。ハマダンが一九三五年末に書いたこれら二種類の毛沢東伝は、ともに社会主義ソ連を代表する権威ある新聞、雑誌に掲載されたものだったことも手伝い、これまで長い間、国外で書かれた最初の毛伝だと言われてきた。だが、すでに我々は、エレンブルグの毛伝がこれよりも一年ほど前に発表されていることを知っている。とあれば、当然に両者を比較してみなければならないであろう。

興味深いのは、エレンブルグとハマダンの両者の伝に、毛についての誤った記述を含めて、多くの共通点が認められることである。すなわち、毛の身体的特徴（やせ形で長身、病弱）、かれが長沙で発行した雑誌（『新湖南』）、北京での逮捕歴（誤伝）、農民運動との関わり（一九二七年に「湖南農民革命」を発表――正しくは「湖南農民運動考察報告」）等々の記述が、ことごとく重なるのである。「湖南農民運動考察報告」からの引用も両者に共通する。中国事情や中国革命運動について、ハマダンに何か特別の知識や情報ソースがあったとは考えられないから、エレンブルグの毛伝を引き写したと見て、まず間違いない。

それをもとにして、ハマダンはやや短い紹介を『プラウダ』に、そしてやや詳しい評伝を『コミュニスト・インターナショナル』に、相次いで発表したと考えられる。

ある伝記を参考にしながら、別の著者が同じ人物の伝記を書く場合、後で書かれた方の伝記はおおむねより詳しく、よりもっともらしい脚色が加わることが普通である。同じ題材の神話や伝説が、時代が下るにつれて詳しくなっていくことを、神話学などの世界では、加上説と言ったりするが、それはハマダンの伝についても当てはまる。エレンブルグの毛伝が書かれてから一年の間に、中国からは毛に関する何か特別な新情報はもたらされていなかった。先に紹介したコミンテルン最高幹部向けに一九三五年十一月に作成された毛の経歴書がスカスカだったことを想起されたい。にも関わらず、その間に開かれたコミンテルン第七回大会で、毛は一躍世界的な革命家に名を連ね、その名が読み上げられるたびに万雷の拍手を浴びるほどになっていた。である以上、ハマダンはコミンテルン大会に姿なく登場したこの中国の革命家の伝を書くにさいし、エレンブルグの毛伝を参照しつつ、ソ連の社会主義観に照らして、望ましい革命家としてのイメージを付け加えなければならなかったであろう。

作り上げられる革命家像

ハマダンの書いた二種の毛伝をここで全文紹介するだけの余裕はないし、さほど面白みのある伝とも言えないので、望ましい革命家のイメージとして付け加えられた部分、つまり「いかにもありそうな」話としてでっち上げられた部分だけを、二つ三つ紹介することにしよう。まずは、毛を貧農の出身として貧しさを強調したことである。実際の毛の父は、若いころは確かに小作もしていたが、後にしゃにむに働いて金を貯め、次第に田畑を増やし、やがて土地のかなりの部分を人に貸す富農となっていた。それゆえ、コミンテルン作成の経歴書では、毛の出身階級が「小地主」と記されていたことは、先に触れた通りである。ハマダンの伝は、その経歴書とほぼ同じ時期に書かれたにもかかわらず、毛を貧農出身と偽ったことになる。中国農村革命の指導者は、表向きはやはり貧しい農民出身でなければ、具合が悪いと考えられたのだろう。

もう一つ、共産党の歴史を知る者が読んで面白いのは、毛も出席した中共の第一回大会の情景を描いた冒頭のくだりである。エレンブルグの伝では、ごく簡単な記述にとどまっているこの箇所が、ハマダンの毛伝ではぐっと詳しくなっている。すなわち、一九二一年に上海で挙行された大会には、数十人に上る労働者や農民、さらには苦力《クーリー》までもが出席し、毛の演説に感激していた。その一方で、当時の党の最高指導者・陳独秀は、演説を終えた毛の手を握り、表向きは称えそやしながらも、裏では毛に冷ややかな視線を送っている。

ここに描かれた情景、確かに毛が上海での第一回大会に出席したのは事実だが、その大会に顔を揃えた十三人の中国人代表たちは、すべて知識人で、労働者や農民はただの一人もいなかった。また、陳独秀は確かに党創立の立役者にして最高指導者だったが、広州での公務があったため、第一回大会には出席していない。しかしながら、ハマダンが何かを加筆して「もっともらしさ」を付け加えようとすれば、ソ連流の価値観を反映させて、党の大会に労農大衆を参加させる一方、その後コミンテルンの指示に逆らったとして党のトップを逐われることになる陳独秀を、あらかじめ陰険な役回りで登場させておくという小細工をすることになるわけである。

また、このハマダン執筆の伝記でも、毛は病弱な革命家として描かれており、その基本線はエレンブルグのそれと同じなのだが、さらにその理由が補足されている。すなわち、ハマダンの伝によれば、毛は貧農家庭に生まれたがゆえに、子供時代から地主や商人に牛馬の如くにこき使われ、そのせいで健康を著しく損ない、病気がちな身体になってしまったのだった。貧しい境遇ゆえに金持ちに使役せられ、そうして理不尽な社会への怒りと階級敵への恨みを胸に刻み、やがてロシア革命に励まされて革命運動に加わっていく、これが革命家の定番ストーリーなのである。

このように書けば、ハマダンの毛伝は、ソ連で行われた粉飾型の脚色の一例として、それなりにおもしろおかしく論じることができる。だが、こうした「いかにもそれらしい」挿話や身の上話を付け加えられたせいで、逆に毛の本来の魅力がそがれてしまった感は否めない。エレンブルグの毛伝ではしつこく強調されていた例の「雨傘」を持つ革命家像も、ハマダンの伝には全く出てこない。傘の代わりに毛が手にしているのは、ちびた鉛筆とノートだったりする。党の会議での論点や農民・労働者たちの声をすかさずメモするというわけである。優等生すぎて、読んでもまったく面白くない。

一九三五年末に発表されたハマダンの毛伝は、その翌年夏にモスクワで中共創立十五周年の記念行事の一環として、党の指導者の伝記集が刊行されたさいにも、そのまま収録された。伝記集に収められたのは、毛沢東、朱徳、方志敏《ほうしびん》の三人、このうち方志敏は日本の読者にはなじみが薄いかも知れないが、当時国民党に捕まり、処刑されたばかりの共産党の幹部の一人だった。この三人の伝を収めた伝記集は、一九三六年にロシア語版（『中国人民の英雄的指導者』）とドイツ語版（『中国人民の三人の英雄』）が出版され、ロシア語版には毛らの肖像も付されていた（前掲図28）。ただし、不思議なことに、中国語版が発行された形跡はない。記念刊行物としては、革命運動の中で命を落とした二十五人の中共党員たちの伝記集が、同じく一九三六年にモスクワで『烈士伝』として中国語で刊行されているから、こっちが中国語で出たのに、毛、朱らの伝記集の中国語版が出なかったのは、不思議というしかない。

かくて、一九三六年夏、つまり中国の陝北でスノーによる取材が始まっていたころ、モスクワではそれを知らぬコミンテルン駐在代表団が中共成立十五周年の祝賀記念行事をとりおこない、宣伝パンフレットや党指導者の伝記集、烈士追悼文集などを、相次いで刊行していたことになる。ただし、毛の伝記について言えば、公表されたのはハマダンの伝記、つまりお世辞にも史実を反映したとは言いがたい代物だけだった。それは当時のソ連・コミンテルンの把握していた毛に関する情報の限界であったと同時に、ソ連流のプロパガンダやイメージ戦略、さらには当時の共産主義政党の政治文化の限界を示すものでもあったと言えるだろう。

第三節　「毛沢東伝略」——中国共産党員によって初めて書かれた毛沢東評伝

知られざる伝記手稿

中共創立十五周年（一九三六年）にモスクワで出されたハマダン作の毛沢東伝は、その前年にコミンテルン大会で一躍時の人となった革命家のものとしては、かなり不満の残る水準のものだった。この記念行事を差配したはずのモスクワ駐在中共代表団が、自党の指導者伝記集を独語と露語で出しただけで、結局中国語版を出さなかったことは、かれらにとっても、ハマダンの毛伝が必ずしも満足のいくものではなかったことの表れかも知れない。ということは、モスクワの中共代表団は、ハマダンのものに代わるより良い毛伝を準備していたのではなかろうか。事実、そう思わせるような文書が残されている。中国語の手書き原稿「毛沢東伝略」である。

中国語の手書き原稿「毛沢東伝略」は、かつてモスクワのコミンテルン・アルヒーフ（駐コミンテルン中共代表団文書）に含まれていた文書で、その後中共に返還され、今は北京北郊にある中央檔案館《とうあんかん》に保管されている。分量は約一万二千字、横書きで署名はなく、執筆時期や書かれた場所も明示されていない。一九九二年にその全文が活字化されて中共の歴史文書を扱う専門誌『党的文献』に公表されたが、そのさいも雑誌編集部によって、関係者に問い合わせたものの、作成の経緯や作者の手がかりはつかめなかったという解説が付けられていた。以来、四半世紀の時が流れた。この間、公表されることなく終わったその謎の毛沢東伝手稿に関心を示した者がないではなかったが、その作者や執筆の経緯を解き明かした者は、中国にもいなかった。

幸いにして、筆者はその作者を「高自立」という名の共産党幹部、執筆場所はモスクワ、執筆時期は一九三六年と特定することができた。特定のための考証は、非常に煩瑣にして専門的すぎるので、その概略のみを注で示すことにし、その考証から得られる結論に基づいて、この「毛沢東伝略」を紹介することにする。考証自体に興味のある方は、ご面倒でも筆者の論文の方をご覧いただきたい。*

高自立

まずはその作者である高自立について、少し説明しておこう。高自立《こうじりつ》（別名：周和生　一九〇〇〜五〇年、**図35**）は、毛が若き日に例の傘を持って赴いた安源の労働者出身の共産党幹部である。さほど著名な人

* 石川禎浩「『毛沢東伝略』作者考——兼論莫斯科出版的幾種早期毛沢東伝記」『党的文献』二〇一六年第二期。考証の手がかりとなるのは、「毛沢東伝略」で作者の見聞として記述されている以下のエピソードである。①コミンテルン第七回大会で毛沢東の名が読み上げられたさいの会場の興奮ぶり（万雷の拍手が五分間も続いた）を述べるくだり。②一九三〇年二月に紅軍が江西省で、唐雲山率いる国民党軍を壊滅させ、多数の捕虜を得たさいに毛が行った演説の様子を詳述するくだり。③それぞれ一九三一年、一九三四年に瑞金で行われた中華ソヴィエト第一回、第二回大会での毛の演説の様子を詳述するくだり。この三つのエピソードを紹介できるという条件に合致する人物を探すと、①コミンテルン第七回大会に列席した中共党員は十名ほどだが、そのうちで、②二回の中華ソヴィエト代表大会に出席していたのは、高自立と滕代遠《とうだいえん》の二人、さらに③唐雲山部隊を殲滅した戦闘のさいに、滕代遠は戦場から遠く離れたところにいたが、高自立は戦場にいたことが目撃されている、ということからして、高が伝略の作者であろうと結論できるのである。さらに「伝略」に見える言葉遣いのうち、極めて珍しい言い回しが高の書いた他の文章にも見えるという傍証がある。

図35　高自立

物ではないものの、毛とは井崗山時代からの戦友で、長期にわたって毛の側近として活躍した人物である。革命の伝説の地、井崗山のころから毛と行動を共にしてきた党員を、中国では尊敬を込めて「井崗山幹部」と呼ぶが、高こそはその代表的人物である。やがて、農村根拠地の拡大の結果、中華ソヴィエト共和国が成立すると、高もその政府に地位を占め、一九三四年の第二回中華ソヴィエト大会後には、中央政府の土地部部長に就任している。共産党が独自に立てた政権とはいえ、一応は閣僚級の地位を占めているのだから、有能な幹部だったようである。そして、一九三四年の中頃、おりから開催通知のあったコミンテルン第七回大会に中共の代表として派遣され、上海を経由してモスクワへ向かった。

高は、革命の現場からやって来た中国ソヴィエト運動の代表として、モスクワでは破格の厚遇を受けた。一九三五年七月二十五日に開幕したコミンテルン大会の主席団（四十二人）には、王明、康生とともに名を連ね、開幕日に中国代表の「周《しゅう》和生《わせい》」という名前（変名）で挨拶に立っている。先に、コミンテルン大会で「毛沢東同志」という名前が読み上げられるや、毛を称える会場の歓声と拍手が五分間もやまなかったという情景を紹介したが、それは高がこの挨拶をした時のことで、その情景を記したのがかれの「毛沢東伝略」なのである。

このほかにも高は、大会自体でも中国革命根拠地（ソヴィエト区）を代表して活動報告をし、さらに大会後には、コミンテルン監察委員に唯一の中国人として選出されている。そのかれが大会後の一九三六年にモスクワで書いた「毛沢東伝略」は、どんなものだったか。

高の「毛沢東伝略」は、一言でいって、それまでのどの毛伝よりも詳しく、生き生きとした筆致でこの革命家を称えるものだった。また、紹介されるエピソードの数々、例えば弟に毛沢民がいることやたちどころに民衆や敵捕虜の心をつかむほどの演説上手であること等々は、どれも毛の傍らで長く活動した経験を持つ者ならではのリアリティに溢れている。また、他方で毛が過去において党内処分を受けたことがあることや短気な面のあることも紹介している。

「毛沢東伝略」のできばえ

このように、全体として見た場合、できのよい毛沢東伝であることは確かだが、他方でやや過剰なまでに毛沢東の「天才」ぶりを持ち上げるのも、高の「伝略」の特徴である。高の毛伝は、毛の優れた革命家としての資質を称えるのに、「治国の天才」、「革命の天才」、「偉大な軍事の天才」、「天才的なまでの能力者」といった具合に「天才」を連発する。さらには、毛を「偉大なる人民公認の指導者」、「全国、全世界、全党がともに認める指導者」とまで称える。先に紹介したハマダンが毛伝で使った呼称が、「真のボリシェヴィキ」、「鋼鉄の意志を持つ」「中国人民の指導者」であり、せいぜいでも「卓越せる革命の統率者」であるのと比較した時、高の崇拝ぶりは突出している。

また、この「毛沢東伝略」は、伝記と題しながらも、若年期の毛に関する記述が少なく、指導者となってからの毛の功績を紹介することに、多くの紙幅が割かれているという特徴がある。伝記は、通常その人の生まれや青少年時代のエピソードを冒頭に記すものだが、「毛沢東伝略」には、その手のことはほとんど書かれていない。毛が湖南の貧しい家の出身だということは書かれているが、農家の出だということは触れられていないのである。弟に毛沢民がいること、湖南省立第一師範に学んだこと、五四運動のころから積極的に社会の改造運動に取り組んだこと、そして最初期からの共産党のメンバーであることは書かれているが、革命家となるまでの経歴はそれでほぼ終わっている。分量で言えば、全文一万二千字ほどのうち、共産党員となるまでの記述は五百字に満たない。割合にして4％ほどで、残りはすべて国共合作や農村革命の指導者としての活動を紹介する内容である。

このアンバランスは何を物語るか。一つには、早くより毛の身辺に仕えた高でさえ、毛の生い立ちや若いころのエピソードを、ほとんど聞いていなかったのであろう。それは高が聞き漏らしたということではなく、毛がしゃべらなかったのだろう。エドガー・スノーに半生を語って後、毛はまとまった形で自分史を語ることがなかったということからも知れるように、かれはあまり自分語りをするタイプの人間ではなかった。これは毛に限った話ではなく、中共の指導者、紅軍の将兵一般に共通することのように思われる。それゆえ、毛沢東にとってのスノー、朱徳にとってのアグネス・スメドレー（Agnes Smedley）やニム・ウェールズ（Nym Wales、本名 Helen Foster Snow、すなわちスノーの最初の妻）のように、生い立ちからの半生記を熱心に聞き取ってくれる欧米のジャーナリストが大きな役割を果たすのである。

二つ目は、上記の点にも関連するが、高の毛伝はスノーの取材や『中国の赤い星』を見ずに書かれたということである。『赤い星』を見ていれば、当然に自分が毛伝を書く場合に参照するはずである。『赤い星』と毛の自伝の出版、翻訳については、あとで詳述するが、自伝にのみ焦点を絞ると、それが英語で発表されたのは一九三七年七月になってから、ロシア語版（抄訳）が出たのはその年の十二月だから、一九三六年ごろにこの毛伝を執筆したと見られる高が参照できるはずもなかった。それがない以上、高はどんなに頑張っても、毛の生い立ちや青少年時代を具体的に描くことはできなかっただろう。

伝記として見た場合の「毛沢東伝略」のアンバランスは、別の見方をすれば、そもそも高の狙いは、優れた革命指導者としての毛を強調することにあったと解釈することも可能であろう。高は伝記作家ではなく、あくまでも中国革命の現場から派遣されてモスクワに来ている党員なのである。その場合、高が紹介しなければならないのは、毛の出自や学歴がどうのこうのということよりも、現実の中国の農村で毛がどのように活動をしているのか、それはどれほど上手くいっているかを、実例を交えて伝えることだったに違いない。高の文章を見る限り、「天才」の連発にはやや鼻白む面もあるが、毛の指導者としての資質を際立たせることによって、そのかれに率いられる中共と中国革命の偉大さをアピールする狙いは充分に果たされていると評価できよう。

さて、高によって一九三六年にモスクワで書かれたと見られるこの毛伝、執筆の時期と場所から推定して、高もその一員である中共のコミンテルン代表団が企画した党創立十五周年の記念企画の一環として書かれたものだろうということは、ほぼ確実である。一口に中共党員といっても、それぞれの活動の部署や場所はさまざまであり、党員だからといって皆が毛のことをよく知っているわけではない。その意味では、毛を個人的にもよく知っていて、かつモスクワに滞在している者となれば、コミンテルン大会で中国代表もつとめた高を措いて、伝記執筆の適任者はいなかったであろう。

そして、先に紹介したハマダンの毛伝（独語、露語）が、やや不出来な作品であったということを勘案するならば、高の毛伝は、せめて中国語版として刊行するものには、もう少し良いできのものを提供したいという中共代表団の意向を踏まえて書かれたのではないだろうか。高の伝がハマダンのものを意識して、つまりハマダンのものよりも後に書かれたこと、そして主に中国人を読者に想定して書かれたこと、これは高の毛伝にその形跡を見いだすことができる。次節では、その詳細をあまり煩瑣にならぬように説明しよう。

第四節　モスクワの毛沢東伝――コピー・アンド・ペーストの世界

三つの毛伝の比較

ハマダンの毛伝と高自立の毛伝を比べてみる。具体的なエピソードや事実については、高の毛伝の方がはるかに豊富かつ正確であり、それらエピソードの大半は、ハマダンの伝には見えない。他方で、ハマダンの伝える毛の経歴やエピソードの多くも、高の毛伝には見えない。ハマダンの伝にはデタラメが混じっているということは、すでに述べたところだが、小さい頃から地主にこき使われたせいで毛は病弱になったとか、北京で警察に捕まったことがあるといった事柄は、当然のように高の毛伝には見えない。他方で、ハマダンの伝にある正確なエピソードが高の伝に見えないケースもある。例えば、辛亥革命期の毛に従軍経験があること、『新湖南』という雑誌を発行したことがあるなどである。

これは、高がそもそもハマダンの伝を知らなかったという可能性を示唆するが、より詳しく読むと、ハマダンの伝を読んでいたことが判明する。その明らかな例が、国民党軍の捕虜となった紅軍兵士の談話（毛についての見聞を述べる）を伝える『大公報』という新聞記事の引用である。この記事は、ハマダンと高の両方の伝に、ほぼ同じ文言で引用されているのだが、捕虜兵の談話のうち、毛が病弱であると語る部分だけが高の毛伝では省かれている。これは、高がハマダンの伝を参照しながら、自身の見聞に照らして、病弱の毛に関する部分だけを誤伝として採用しなかったからだと考えられる。

ハマダンの毛伝については、先にエレンブルグの伝を引き写して書いたものだと説明したが、それにさらに高の毛伝を加え、書かれている内容を吟味・対照して三者の参照関係を図式化すると、次頁の**表1**のようになる。ちょうどモスクワで編集、刊行された中国革命関連の書籍の毛の写真が、コピー・アンド・ペーストで派生したものだったように、文字の世界での初期の毛沢東伝も、同様にコピー・アンド・ペーストでできていたわけである。

表1　エレンブルグ、ハマダン、高自立の毛沢東伝比較表

	エレンブルグ毛伝《国外》版 1934年11月	参照関係	ハマダン毛伝『プラウダ』版 1935年12月13日	ハマダン毛伝『コミュニスト・インターナショナル』露語版 1935年12月	参照関係	高自立「毛沢東伝略」手稿 1936年
兄弟	——		——	——		弟に毛沢民
出身	——		湖南農村の貧しい農民家庭出身、地主や商人のもとで働いたことあり	湖南農村の貧しい農民家庭出身、地主や富農のもとで働いたことあり		貧困な家庭出身
学歴	——		師範学校	師範学校		湖南省立第一師範学校
関わった雑誌	『新湖南』	→	『新湖南』	『新湖南』 『新時代』		——
中共一大	1921年7月上海 湖南代表として出席	→	1921年上海 湖南代表として出席 農民、労働者も出席	1921年上海 湖南代表として出席 農民、労働者、陳独秀も出席		1921年 湖南代表として出席
一大後の職位	中央委員	→	——	中央委員	→	中央委員
外見・健康状態	痩身長軀、病弱、農民のような容貌	→	すらっとして長身、病気を抱えている	病弱		——
軍隊経験	——		軍閥の軍隊（辛亥革命後の湖南新軍）に加わった経歴あり	軍閥の軍隊（辛亥革命後の湖南新軍）に加わった経歴あり		——
逮捕歴	北京での逮捕歴あり	→	北京での逮捕歴あり	北京での逮捕歴あり		——
農民運動の著作	『湖南農民革命』	→	——	『湖南農民革命』		『中国農民』雑誌
兵士に接する態度	捕虜兵への短期教育実施を主導		井崗山で自ら兵士の教育にあたる	井崗山で自ら兵士の教育にあたる		1930年に唐雲山旅を殲滅した後での捕虜への演説を紹介
捕虜となった紅軍兵士の毛沢東評	——		——	紅軍兵士と共に雑魚寝、皆と同じ食事をとる。 病気がひどく、絶えず咳き込む。青白い顔、全身倦怠（『大公報』より引用）	→ 部分	紅軍兵士と寝食を共にし、同じものを食べる。 （『大公報』より引用）

＊備考：下線は事実に反する誤った記述を表す

なぜ公表されなかったのか

こうして比較してみれば、「毛沢東伝略」はかなりの出来と言ってよいが、どうも結局公刊されることなく終わったようである。文章のスタイルから見て、単に高が手すさびに書いたとは考えられない。執筆の時期、場所、作者から総合的に判断するなら、あきらかに党の活動を宣伝するという公的任務のために、公表を前提に書かれた作品である。それが公表に至らなかったのは、一体なぜか。先に仮説として、この「伝略」は露語版、独語版のパンフレットの後に、より正確な中文版を別に刊行すべく、改めて執筆された原稿かも知れないと述べたが、そうだとすると、高の「毛沢東伝略」を含むパンフレットの中文版自体が、何らかの事情で、刊行に至らなかったということになる。このほか、高の毛伝は内容に何らかの過誤があったため、公表を見送られたということも想定しうる。どのような過誤か。例えば、毛にたいする大げさすぎる称賛表現や国民党を過度に刺激するような筆致である。

高の毛伝は、毛を称えるあまり、「○○の天才」「天才的××」を連発し、さらには、毛を「偉大なる人民公認の指導者」「全国、全世界、全党がともに認める指導者」とまで持ち上げる。むろん、当時の毛はいわゆる遵義会議を経て、党内での指導力をそれなりに勝ち得ていたとはいえ、「全党がともに認める指導者」と呼ばれるには、まだ時間が必要であった。それゆえに、当時のモスクワの中共代表団の共通認識とは温度差があって、受け入れられなかったのかも知れない。

他方、国民党を過度に刺激するような筆致がなぜ問題になるのか。革命の指導者を描くのに、敵方の国民党を貶めるのは当然ではないか。むろん、共産党にとって国民党は打倒すべき敵なのだが、この時期、すなわち一九三六年の頃はいささか事情が違っていた。というのは、前年のコミンテルン七回大会と「八一宣言」によって、共産党は抗日のためには国民党とも手を結ぶという大きな方針転換をしており、特にその「八一宣言」の起草・発出者となったモスクワの中共代表団にとって、対国民党関係の改善は最優先の課題となっていたからである。今や、従前のような国民党への誹謗や揶揄は、謹まねばならなくなっていた。その視点で見た場合、高の毛伝はどちらかというと、国民党への中傷的言辞が目立つ。抗日統一戦線をにらんだ場合、高の書いた「伝略」は、配慮がなさすぎるのである。

という具合に、あえてあら探しをすれば、いくつか欠点はあるわけだが、どれも修正を施せばよい程度のもので、ボツにするほどの問題ではない。このほかの要因とすれば、高になんらか不測の事態が起きて、掲載が見送られたという可能性も排除できない。モスクワで共産党員を襲う「不測の事態」、そう、粛清である。一九三六年のモスクワ裁判に象徴されるように、時まさにスターリンの大粛清の嵐が吹き荒れようとしていた。現にモスクワの中共幹部の中には、トロツキストだとか、日本のスパイだとか、そんな濡れ衣を着せられて殺された者がかなりいる。

ただし、高はそんな目にあってはいないし、健康を損なっていたというような形跡もない。その証拠に、露語版、独語版のパンフレットと同じ年（一九三六年）に、同じくモスクワで刊行された『烈士伝』（中国語、こちらは革命のために犠牲となった物故党員の伝記集）に、高は「和生」の筆名で何人かの烈士の追悼文を寄稿している。駐コミンテルン中共代表団の何らかの内部事情ということも考えられるが、目下それを調査するすべがない以上、正直よく分からないと言うほかかない。ただし、伝略は書き上がったものの、何らかの事情でズルズルと公表が遅れたのであれば、この手書き原稿が日の目を見ぬまま埋もれてしまうことは、半ば避けられなかったと言ってよい。この文章が書かれて間もなく、毛はスノーに自らの半生を詳しく語り、それはやがて毛の自伝として発表されて、センセーショナルな反響を引き起こしたからである。スノーによる毛の自伝が出てしまえば、高の毛伝にもはや出番はない。あるいはスノーのものを取り入れるような、大幅な書き換えが必要になっただろう。

ある時代において支配的な知識や枠組みをパラダイムと呼ぶことがあるが、その喩えを借りれば、スノーの取材と報道は、従来の中共にたいする見方・情報を一挙に無意味化するような、一種のパラダイム・シフトであった。一九三六年時点であれば、高の毛伝は充分な水準と内容を持つものであったが、スノーの取材記によって、一年後には全く陳腐なもの、公表に値しないものへと成り下がってしまったのだった。モノにはタイミングというものがあり、情報にも旬がある。かくて、旬を逃してしまった高の「毛沢東伝略」手稿は、その後顧みられることもなく、モスクワの文書館で長き眠りにつくことになった。誰が書いたのかも知られぬまま。

第五節　高自立のその後

キャリア党員として

毛沢東のイメージの話が、写真、肖像から伝記、文字の世界へと、だいぶずれてしまった。本題のイメージの話にもどる前に、せっかくなので、中共党員として初めて毛の伝記を書いた高のその後について、少し補足して紹介しておきたい。「毛沢東伝略」を書いたことで、かれの人生には何らかの変化があったのだろうか。話は一部一九四〇年代まで及ぶが、何せ中国ですら、ほとんど知られていない人物なので、お許し願いたい。

毛の伝記執筆に先立ち、高自立が中国共産党の代表として、モスクワで破格の厚遇を受けたことは、先にも述べたところである。コミンテルン大会の主席団（四十二人）に名を連ねたほか、開会式では中国代表として挨拶をし、さらに活動報告の演説もしている。むろん、この大会でもっとも重要な中国関連の演説を行ったのは、後の「八一宣言」につながる抗日統一戦線の方針を述べた王明ではあったが、形式的に中共を代表していたのは、高だったのである。はたして高の大会での挨拶と報告は、いずれも『プラウダ』に大きく掲載された（一九三五年七月二十七日、三十日）ほか、ソ連共産党中央の機関誌『ボリシェヴィキ』でも紹介された。『ボリシェヴィキ』に論文が載るというのは、外国の共産党員にとっては、一流の革命家と認められた証しであり、この上もない栄誉である。中国人でいえば、この栄誉を与えられたのは、王明をはじめ数えるくらいしかいない。その意味では、高の毛伝は、かれの生涯で最も晴れやかな時期に書かれたものだったと言えるかも知れない。

帰国後

高がモスクワでの任務を終えて、陝西省北部の町・延安（中共中央所在地）に帰国したのは、一九三

図36　1938年に撮影された井岡山幹部たちの集合写真（前列中央が毛、その右隣が高自立）

八年初めごろと言われる。かれは、共産党が以前にかれが出立した時の江西省南部から、気候も風習も大きく異なる陝西省に移っている現実を目の当たりにして、日本流に言えば、浦島太郎の如き心境であっただろう。四、五年ぶりに帰ってみると、かれが「天才」と称えた毛は、果たして党のリーダーになっていた。かたや高自身も、今やコミンテルンの大会という国際的な晴れ舞台で演説をし、その後その幹部職（コミンテルン監察委員）をつとめたという意味では、錦を着ての帰国である。

延安では、党中央の差配で陝甘寧《せんかんねい》辺区政府副主席（主席：林伯渠《りんはくきょ》、代理主席：張国燾《ちょうこくとう》）に任命され、やがて代理主席に就任している。陝甘寧辺区政府という名前ではよくわからないかも知れないが、簡単に言えば、当時の中共中央所在地の政府の事実上の最高責任者である。つまりは首府の地方首長に相当する地位であって、一説によれば、林彪《りんぴょう》や鄧小平といった当時の毛の寵児たちよりも上に遇されたと噂されるほどだった。**図36**は、一九三八年ごろに撮影された共産党幹部たちの集合写真の一枚で、かつて井岡山で戦った党幹部たち、すなわち毛にとっては子飼いの部下たちと言ってもよい「井崗山幹部」の集合写真である。我々が集合写真で席次や序列を気にするのと同じように、当時の集合写真での場所は、その人の地位を如実に反映する。最前列中央は言うまでもなく、毛沢東、向かってその左は林彪、毛の右隣が高自立（丸枠で囲った人物）である。余計な説明は要るまい。高は毛の片腕、林と肩を並べるほどの大幹部だった。

だが、不思議なことに、高はその後、次第に活躍が目立たなくなり、抗日戦争終結後には中共中央冀察熱遼分局委員兼財経委員会書記、東北行政委員会冀察熱遼辦事処副主任など、軽くはないが重くもない職をつとめた後、人民共和国成立を見届けた一九五〇年一月九日に瀋陽で病没した。少なくとも、かつて国際共産主義運動の晴れ舞台で、中共を代表して挨拶をした人物としては、いささか寂しさの残る晩年であった。帰国後のこうした「不遇」の原因は、若干の推測をまじえて言えば、皮肉にもかれのコミンテルンでの活躍によってもたらされたように思われる。背景を説明しよう。

当初はモスクワでの毛のもり立て役だった王明は、一九三七年末に帰国して党中央の活動に加わるが、次第に党の運営や路線、とりわけ抗日戦争における国民党との協力関係をめぐって、毛と対立するようになっていった。そしてその後、毛は一九三〇年代末から四〇年代にかけて、それまでの党の歴史の洗い直しをてこに、王明らの影響力を一掃することで、党内の指導権を確立しようとした。すなわち、毛はかつて自分を指導部から排除した一九三〇年代前半の党中央は誤りだったと結論づけ、その責任を、コミンテルンの権威をバックにして党を支配した王明ら留ソ派に帰したのだった。

この歴史の見直しの中で王明らは、誤った路線によって中国革命を瀕死の状態に陥れたと厳しく指弾された。こうした批判に留ソ派幹部が次々に屈服する中、ひとり王明だけが自らの誤りを認めることに抵抗すると、毛沢東ら党の主流派は、王明批判のトーンをあげ、かれのコミンテルンでの活動そのものを無視・批判していくようになった。そして一九四三年には、王のコミンテルン第七回大会出席や「八一宣言」の起草という功績までもが、抹消されるような状況があったらしいのである。そうした状況の中、あえて王明の弁護に立ったのが高自立であった。

王明の弁護に立つ

王明の回想によれば、毛の絶対的権威がほぼ固まりつつあった一九四三年秋、王がかつて犯した誤りを批判する幹部党員集会が開かれたさいに、「八一宣言」をかれが起草したことへの疑義が持ち出されたことがあったという。王明批判の大合唱に乗じて、「八一宣言」の起草者という王明の最大の勲章も剥奪してしまえというわけである。一九四三年十一月、毛の意を受けて開かれたその批判集会に、病気の王明に代わって出席したのは、王の妻・孟慶樹《もうけいじゅ》であった。彼女は、宣言は王明の作に非ずと認定する集会のデタラメに堪えかね、「お集まりの皆さまにお尋ねします。共産党員たる者は、恥というものを知るべきではないでしょうか」と叫んだ上で、自身の知るモスクワでの「八一宣言」の作成過程を証言した。孤立無援の彼女の訴えが会を牛耳る主流派の罵声にかき消されそうになったまさにその時、高は立ち上がって次のように発言したと言われる。

わたしは、あの時の〈コミンテルン駐在中共〉代表団の会議に参加しましたし、コミンテルンの第七回大会にも出席しました。王明が代表団の会議で行った報告や総括の言葉を聞きました。皆がこの文書の草稿をどんなふうに議論したのか、よく覚えています。わたしの記憶では……

「八一宣言」作成の事情をよく知る高は、四面楚歌の孟慶樹を見かねてか、あるいは孟の叫びに共産党員としての良心を呼び覚まされたのか、会議の筋書きにはない発言をしてしまったのである。その結果、この日の集会は高の発言のせいで会場が騒然となり、王明をこてんぱんに批判するという所期の目的を果たせないまま、散会となった。毛は激怒し、参会者の面前で司会者を叱責、集会は低俗趣味に満ちており、まったく教育的意味をもたないので、今後類似の集会を開いてはならないと命じたという。つまりは、高はコミンテルンでの王明の功績について、ありのままを証言したせいで、毛の不興を買ってしまったことになるのである。高はなぜこんな真似をしたのか。高ほどの人物が、空気が読めなかったとは考えられない。おのれの証言が、毛ら党中央の進める王明批判に、冷水を浴びせるどころか、公然と盾突くことになるのは、承知のうえでの発言だっただろう。

コミンテルン時代からの王明と高の関係がどのようなものであったか、あるいは高に王明をもり立てる気持ちがあったのか、その詳細を伝えるような資料は、残念ながら残っていない。いずれにせよ、高のその発言が本当のことだとすれば、かれに延安で出世する目がなかったことだけは確かである。「八一宣言」の舞台たるコミンテルン第七回大会に参加したこと、モスクワで王明と共に活躍したことは、一九四〇年代の延安では自慢できるような経歴ではなくなっていたのだった。ちなみに、一九四〇年代前半には、毛の指導権確立と相前後して、党員にたいする再教育、再審査が「整風」の名の下で行われ、それに伴って党員、党幹部は、それまでの経歴を洗いざらい申告するよう求められた。高であれば、モスクワ時代の活動履歴の自己申告調書も作成されたはずで、「毛沢東伝略」を執筆したことがあるといったことは、当然に報告すべき事柄である。ただし、実際に高がそのことを覚えていて申告したかどうかは、定かではない。

唯一確かなのは、その後に高が改めて毛の伝記を書くことはなかったということである。想像を逞しくすれば、仮に書く機会があったとしても、毛による王明批判をその目で見た高には、もはや毛を「治国の天才」と呼ぶことはできなかったのではなかろうか。帰国後の高が目立った事績を残さなかった理由は、もちろんこうした毛との人間関係の軋轢《あつれき》だけから説明できるものではなく、様々な要因があったに違いない。わずか五十歳で世を去ったように、病弱であったことも一因であろう。

さて、一九三〇年代前半のモスクワでの毛沢東イメージを探っているうちに、話はイメージ、写真から毛沢東の文集や伝記へと、とりとめもなく拡散してしまった。そろそろ本題のイメージへもどるべき頃あいである。

第四章　太っちょ写真の謎

第一節　太っちょ毛沢東の初登場――山本實彦著『支那』

一九三六年には知られていた

第二〜三章では、主にソ連で流布した毛沢東像について考察を加えた。あれこれたくさん例を引っ張り出して蘊蓄《うんちく》を傾けたが、乱暴にまとめれば、肖像画について言う限り、エドガー・スノーの『中国の赤い星』以前、すなわち一九三〇年代前半に登場・流布した毛のイメージは、すべて一九二七年に撮影された国民党幹部たちの集合写真に由来するらしい、ということはわかった。だが、いくら探しても、本書冒頭で示した太っちょ写真に似ているものは、一枚も出てこなかった。その手がかりすらなかった、というのがより正直なところである。

図37　山本實彦『支那』の「毛沢東」

（図１）『週報』の「毛沢東」

一九三七年八月に官報附録『週報』に掲載された毛と朱徳の奇妙な肖像画は、どこからやってきたのか。実を言うと、例の太っちょ毛沢東とフランケンシュタイン朱徳の肖像の組み合わせは、『週報』に登場したのが初めてではない。『週報』の掲載に先立つこと約一年、山本實彦の著作『支那』に「毛沢東と朱徳」という一章があり、そこに毛と朱の肖像が掲げられているのである＊（**図37**、**図38**）。『週報』所載の図1、図2と比べると、ほとんど同じものであることがわかる。違いと言えば、山本の『支那』では、毛の肖像写真の背景に建物らしいものが写っているが、『週報』は無地であるということぐらい

＊　官報附録の『週報』に毛沢東と朱徳の奇妙な肖像のあること、そして山本實彦の『支那』にも類似の肖像があることに、最初に言及したのは、今村与志雄「毛沢東の顔」（『中国』四九号、一九六七年）ではないかと見られる。その際、今村氏は両方の肖像ともに別人だと見なしていた。

図38　山本實彦『支那』の「朱徳」

（**図2**）『週報』の「朱徳」

である。ただし、この違いは『週報』に文章を発表した外務省情報部が、山本の本から写真を借用したのではないかということを暗示する。転用のさいに背景を消す処理をしたということである。時間の前後から言っても、『支那』が先で、『週報』はその一年後だから、外務省情報部は山本から提供を受けたか、あるいは自分たちでコピー・アンド・ペーストしたかということだろうと推測される。あるいはこんな推測も成り立つかもしれない。外務省情報部の文章「支那共産軍を語る」を書いたのは、山本實彦その人ではないか、と。

『改造』の創立者

山本實彦《さねひこ》（一八八五～一九五二）は、二十世紀の日本を代表する総合雑誌『改造』（一九一九～五五）の創刊者であり、その発行元改造社の社長として、日本近代ジャーナリズムを牽引してきた出版人である。雑誌の発行や出版を通じて多くの文化人、作家に創作・執筆の場を提供しただけなく、自身も数多くの文章、著書を残した。一九三六年九月に自身の出版社、改造社から刊行された『支那』（あとがきの日付は八月六日）は、山本が同年二月に上海、南京を駆け足で回ったさいの見聞を中心に、中国の色々な問題についてつづったエッセイ集である。蔣介石や魯迅《ろじん》などとの会見録や当代中国人物評なども盛り込んでいて、随所に山本らしい鋭い観察を読みとることができる。

この『支那』に収める毛と朱の肖像写真と絵は、単に「毛沢東氏」「朱徳氏」というキャプションをつけるだけで、図版の来源については何の説明もない。この年の二月に中国を訪問した体験を織り込んで書いた随想集だということを考えれば、そのおりに中国で手に入れた絵か写真なのかも知れないが、本に収められた他の文章を読んでも、それらしいことは何も書かれていない。中国にも知己の多い山本は、蔣介石や魯迅にも面会できるような大物ジャーナリストだった。だが、毛との会見となると、さすがのかれにもお手上げだっただろう。山本の「毛沢東と朱徳」は、二人の近況をかれらの略歴と合わせて紹介するものだが、伝聞にもとづいて毛と朱を比較し、かつて軍閥世界の甘い汁をすったことのある朱よりも、苦労して貧乏人から成り上がった長身の毛の方が最後には上に立つだろうと論評する。ただし、伝聞情報に推測を重ねた山本の文章は、あまりできのよい紹介とは言えない。どことなく、他の中国通の書いた文章をつなぎ合わせてまとめたような、そんな印象が残るのである。

山本は確かに中国をよく知る出版人であった。訪中歴も多く、中国関連の本も結構ある。ただし、いわゆる当時の「支那通」かと言えば、その域にまでは至っていないと見えるし、わけても中国の共産党事情となると、自分で資料を集め、分析するような専門家ではなかった。そのかれが何の説明もなく、謎の中共首領の写真を掲げているとなれば、自分で苦労して手に入れた写真ではなく、何らかの協力者から提供されたものを、そのままありがたく使ったというのが、事実に近かろう。

実際、山本の『支那』を読むと、訪中の間、実にさまざまな人のサポートや助言を受けながら中国を旅している。つまりは、外務省情報部の名義で中共の現状分析を執筆するだけの学識と準備は、さすがの山本にもなかったはずなのである。それに、本業の出版人として多忙をきわめるかれは、ゴーストライターをするほど暇でもなければ、外務省情報部に強いコネや借りがあるわけでもなかった。「支那共産軍を語る」の真の著者が山本である可能性は、限りなく低い。

第二節　朱徳写真という手がかり

朱徳七変化

ここでちょっと視点を変えて、毛と並ぶ共産党の有名人だった朱徳の肖像の方を見てみよう。これまで本書では、毛の肖像ばかりを追いかけてきたが、ソ連で刊行された毛沢東関係の記事や肖像には、実は大半の場合、朱のものも並んで掲載されている。果たして『週報』にも、山本の『支那』にも——似ているかどうかは別として——恐ろしげな朱の肖像が太っちょ毛と並んで紹介されていた。

紅軍が朱毛軍と呼ばれたように、朱は常に毛と対になって紹介される伝説的軍人だった。かたや党を率いる毛、こなた紅軍を率いる朱というわけで、朱の肖像もコミンテルンの宣伝パンフレットなどに、幾例かを見いだすことができる。全部を紹介するだけの余裕がないので、まずは代表的な一枚だけを紹介しよう。本書ですでに登場した中国革命に関するロシア語文献集『中国におけるソヴィエト　資料文献集』に掲載された朱の肖像画が**図39**である。この文献集には、第二章で紹介したように毛沢東像（前出図20）がついているが、朱徳像も載っているわけである。当時の朱の実際の写真は、これまた前出（図3）だが、比べてみてどうだろうか。図39の方は何だかあまりに若い上に、似ているとも似ていないとも、なんだか判然としない。

図40　1922年の朱徳

図39『中国におけるソヴィエト　資料文献集』の朱徳

（**図3**）1937年当時の朱徳

だが、この図39は間違いなく朱徳その人であり、その元になった写真を見いだすことができる（**図40**）。この写真は、一九二二年に朱が洋行を目前にして、上海で撮ったものである。当時の朱はまだ共産党員ではなかったが、ドイツあたりに留学して軍事を学ぼうという志を立てていた。洋行すれば、行く先々で、知り合いになった人に名刺と一緒に自分の写真を贈るということがあったから、朱徳も白いジャケットに蝶ネクタイという洒落たいでたちで、記念写真を撮ったものと見られる。

図39と図40を並べてみれば、両者の関係は一目瞭然だが、それにさらに何枚か、コミンテルン・ソ連が出していた朱の肖像写真を追加すれば、変遷はなおいっそうハッキリする。**図41**はこれも毛写真のところで、すでに言及したフランス語のパンフレット（一九三四年）に収録された朱徳像、**図42**は翌一九三五年にソ連で出たパンフレット『中華ソヴィエト第二回代表大会』（*Второй Съезд китайских советов*）に掲載された朱徳像である。この二枚は、かれが蝶ネクタイをしめているという点で、より洋行時の写真（図40）に近い。

図41 『今日の革命中国』の朱徳

図42 『中華ソヴィエト第二回代表大会』の朱徳

図43 コミンテルン機関誌（1935年）の朱徳

朱の洋行は、まずドイツへ行ってそこで中共に入党し、さらにモスクワへ赴き（一九二五年）、そこで共産主義や軍事を学ぶというものだった。恐らくはモスクワで革命家養成学校に入学するにさいして、申告書類の一部として、上海から持ってきた写真を学校当局あたりに提出し、それがやがてかれが有名になった後に引っ張り出されて、広く使われるようになったのであろう。どうやら、当初は蝶ネクタイに白ジャケットのいでたちだったが、それでは革命軍人としてのイメージに馴染まないという理由で、図39のように詰め襟の黒い軍服に着替えさせられたらしい。図42では、可愛らしいお坊ちゃんにしか見えないからである。

こうしたコピー・アンド・ペーストと着せ替えを経て、一九三五年末にコミンテルンの機関誌『コミュニスト・インターナショナル』露語版に、朱徳伝（ハマダン執筆）の挿画として掲載されたのが**図43**である。この同じ号には、毛沢東のスケッチ肖像画（図27）も載っている。毛の肖像が一九二七年の集合写真から十年近くもたっていたのに対して、朱の方は元の写真が

図44　『チャイナ・トゥディ』の朱徳

一九二二年（当時朱は三十六歳）だから、それが十五年近くも後（朱は五十歳）に、まだ使われていたわけである。パッと見ただけでは、我々がこの肖像画を朱徳のものだと判断できないのも無理はない。

さて、こうして集めた何枚かの朱徳像の中に、面白い一枚がある（**図44**）。これはアメリカの左翼系雑誌『チャイナ・トゥディ』の一九三四年十一月号に載った朱徳像である。んん？記憶力のいい読者は思い出せるだろう。そう、同じ年の五月に、例の「さえないおじさん」のような毛沢東像を載せたあの雑誌である。「さえないおじさん」の方は、とても毛の肖像には見えない、あるいは完全に模写に失敗した作品であるのに対して、こっちの朱徳像は読者にはどう見えるだろう。これだけを単独で見たのでは、朱とは見えないかも知れないが、どうだろう。先に紹介したモスクワのパンフレットや雑誌に登場する朱の肖像、例えば図39と比較してみた場合、『チャイナ・トゥディ』の図44がそれを元にした、出来の悪い模写であることが見えてくる。まぎれもなく朱徳なのである。

さらにここで、図44をよくよく見てほしい。この顔、どこかで以前に見た覚えはないだろうか。何だかフランケンシュタインの怪物のようにも見えるこの荒くれ者の顔……。そうだ！　山本實彦の『支那』に、そして日本の官報附録『週報』に、太っちょ毛沢東とともに登場したあの絵の男だ（図2、図38）。

そうなのである。凶暴な悪党面をしていた『支那』や『週報』の朱徳像は、実は本当に朱徳だったのである。あんな顔になってしまったのは、そもそも上海で撮られたポートレート写真の朱が、モスクワとニューヨークを経由して世界を一周したなれの果てだったからなのだ。

伝言ゲーム

これら朱徳像の一連のつながりを眺めるとき、筆者は伝言ゲーム（あるいは電話ゲーム）を思い出す。読者諸氏もやったことがあるに違いない。伝言を重ねる中でその内容が大小様々に変化し、最後の人の聞いた伝言内容が、しばしば最初の内容と大いに、あるいは微妙に違ったものになるのを楽しむあのゲームである。誰かがわざと間違えたわけでもないのに、伝言が繰り返されるうちにどうしても情報がゆがむ。肖像画の場合も同じである。たまたま絵のあまり上手でない人が、間に一、二人挟まるだけで、図40がしまいには図2や図38に化けてしまうのだから、情報の伝達は恐ろしい。

ちなみに、この伝言ゲームのことを、英語では「チャイニーズ・ウィスパー・ゲーム（Chinese Whisper Game）」と言う。英語圏の人には復唱の難しい「中国語」を「耳打ち」して伝えていくゲームという面白い呼び名なわけだが、そのもじりでいえば、朱徳という中国革命家のイメージ伝達こそは、ビジュアル版の「チャイニーズ・ウィスパー・ゲーム」そのものであった。日本外務省の情報部にしてみれば、その前の伝達者『支那』の絵をなぞっただけ、その『支那』の著者・山本はといえば、『チャイナ・トゥディ』の受け売りにすぎないのだろうが、ロングショットで見れば、実は外務省情報部にせよ、山本にせよ、かれらは長い長い伝言ゲームの最後の方の受け手だったのである。

結果を見れば、外務省情報部が手に入れたのは、確かに朱の肖像画だった。その意味では、さすがに外務省の機関である。しかし、それは十五年も前のかれの顔だったわけだから、これがお見合い写真なら、間違いなく詐欺行為だと訴えられよう。もっとも、一九三六〜三七年時点の朱徳の写真を入手することは、極めて難しかったのだが（スノーが陝北を訪れた時期、朱はなお長征のさなかにあって、まだ陝北には到着していなかった。それゆえ、スノーもかれとは会っていない）。他方、情報の入手経路に関連していえば、『週報』の朱徳像が間接的ながら『チャイナ・トゥデイ』から来ていることが判明したことによって、アメリカの左翼雑誌の情報は、日本の一部の識者や機関にはマークされていたということがわかる。とにもかくにも、朱徳像の謎はこうして解決を見ることができた。『支那』や『週報』に載った恐ろしげな肖像の主は、はたして朱であった。何とか一件落着である。

捜査難航

次は同じく『支那』、『週報』に載った毛の太っちょ写真の方である。毛の方は、伝言ゲームでは説明がつかない。もちろん、一九二七年の国民党幹部の集合写真が元になって、ソ連・コミンテルン刊行物に毛のスケッチや写真が登場するところまでは、伝言ゲームである。だが、朱の肖像のパターンを毛にも期待して『チャイナ・トゥディ』をめくっても、雑誌のどこにも太っちょ毛沢東は登場しないのである。とすれば、別のルートから入ったとしか考えられないわけで、刑事ドラマ風にいえば、捜査は振り出しにもどったことになる。ただし、これまで探究してきたイメージや伝記の分析は、決して無駄ではない。無駄どころか、これまでで得られた毛沢東・朱徳イメージの伝播にかんする知見は、太っちょの毛が一体どこからあらわれたのかという大きな謎を解き明かすカギを提供してくれるのである。さあ、あらためて探索してみよう。

ただし、その前にこんな後ろ向きの声が聞こえてきそうである。「朱徳の像が、ゆがんでいるとは言え、本物だということはわかったけど、太っちょ毛が毛沢東でないのは、確実でしょう。なら、そんな間違った情報やイメージを探ることにどんな意味があるんですか？　正しくてまっとうな情報やイメージなら、それの来源や意義、影響を探究する価値はあるでしょうからまだしも、あなたがやろうとしているのは、〝がせネタ〟の話でしょう。それも〝トリビア〟に限りなく近いし……」。確かに半分はその通り、仰せごもっともである。

だが、「がせネタ」については、どうだろう。今日ではあきらかに「がせ」でも、過去のある時点では真実だと考えられていた事象は、実はかなりある。人（歴史人物）は必ずしも正しい情報に基づいて行動するとは限らない。いつもそれができるのであれば、いわゆる歴史の悲劇などというものは起こらず、人間はもっと合理的でまともな歩みができたはずである。だが、現実はといえば、人は時に誤った情報に基づいて、誤った認識を持つに至り、さらにはその誤った認識によって判断し、とんでもない行動に出てしまう。それが歴史を作ってしまう。ならば、その誤った情報がどのように生まれ、広まり、受け入れられるようになったのかを知ることも、歴史の大事な役目ではなかろうか。

ご託を並べるのはこのくらいでよかろう。そもそもそんな講釈や理屈を抜きにしても、朱の肖像の伝言ゲームを見て、へぇ面白いと感じた人はきっといるはずである。こうした意外で奇妙な事実を目の当たりにすると、わたしたちに備わっている好奇心や探究心は、自然に呼び覚まされてくる。もっと知りたいという気持ちがわき上がってくる。それが人間だからである。「トリビア」で結構、さぁ、腰を上げて捜査を再開しよう。

第三節　太っちょ毛沢東を掲載したのは誰か

日本の新聞に登場した毛沢東

『週報』が一九三七年八月に、毛沢東と称する太った男の写真を掲載する以前、さらに正確に言えば山本實彦の『支那』が一九三六年秋にその同じ写真を載せる以前、日本のマスコミは毛のことをどう見ていたのだろうか。あるいは、毛の肖像や似顔絵が日本の新聞・雑誌に載ったことはあるのだろうか。この疑問に答えることは、そのまま太っちょ写真の毛に接近することにつながるから、注意深くその肖像の前史を洗い直しておこう。

前にも述べたように、日本の報道界が中国の共産党に注目するようになるのには、中共軍（紅軍）が一九三〇年七月に長沙を占領したことが大きなきっかけとなっている。国共合作が破綻した一九二七年後半に暴動路線に転じて失敗し、その後農村部に四散したはずの「共匪」は、この事件によって俄然注目を浴びる集団となったのだった。共産党の今日の見解によれば、一九三〇年の紅軍による大がかりな都市攻めは、当時の党指導者・李立三《りりつさん》が推進した一連の無謀な革命プランの実行ということになるのだが、むろん、当時の人はそんな事情を知るよしもない。

日本には、国民党と共産党が手を組んでいたころから共産党の動向分析をしてきた専門家がおり、一九三〇年代に入って共産党のそうした軍事活動がマスコミを賑わすと、かれらも共産党を分析する文章を発表することが多くなった。そうした中で、新聞の報道などに毛の顔写真が登場することになるわけである。そのころの日本の新聞に登場した毛の写真を何枚か紹介しておこう。**図45**は一九三三年九月に、東京の日刊紙『時事新報』に掲載された毛の似顔絵である。

この手書きの肖像画が日本で最初に公表された毛の肖像だと断定できる確証はないが、かなり早い時期のものであることは間違いない。本書でもう飽きるほど毛の肖像を見てきた方には、改めて説明を加える必要はないだろう。やや模写に正確さを欠くうらみはあるが、ソ連で出回っていたものと同じく、一九二七年の集合写真からトリミングした系統のものである。時期的にいえば、ソ連で毛の同様の写真が出始めるのが一九三四年ごろからだから、それよりも若干早いということになる。国民党幹部の集合写真は、ソ連以外にもかなり広範囲にばらまかれたということなのだろう。その写真、元来が集合写真だから、毛は小さくしか写っていない。『時事新報』は、この中から毛を見つけ出し、拡大してぼやけた写真を提示するよりも、新たに描いた方がよいと判断したものと見られる。なお、図45で白く描かれている襟は、図22を見ると、本来は白く写った首の部分だったことがわかる。

図45　『時事新報』1933年9月4日

図46　『東京日日新聞』1937年1月16日

集合写真に由来する写真は、このほかにもいくつかの類似例があり、例えば『東京日日新聞』の掲載した図46のように、一九三七年初めごろまで使われ続けたものもある。エドガー・スノーが一九三六年に撮影した写真を発表するまで、紅軍やその首領・毛沢東は謎の存在だったから、それまでは毛の肖像といえば、これらが定番だったのだろう。日本で作成されたと見られるこの図45が、ソ連のそれに先駆けて登場したらしいのに対して、同じ系列のものの中には、ソ連から日本に入ってきたものもある。ともに一九三六年に『アサヒグラフ』（六五一号、四月）と雑誌『世界知識』（六月号）に載った図47と図48がそれである。

この二枚は、本書の第二章第三節で紹介したロシア語の本『中国におけるソヴィエト　資料文献集』（一九三四年刊）の毛像（図20）を複製したものと見て間違いない。このロシア語の本は公刊されたものだったから、日本でも手に入ったのであろう。一九三六年であれば、『アサヒグラフ』や『世界知識』といった雑誌のほかに、『大阪朝日新聞』（十月二十一日）や『東

（**図20**）ロシア語の本の毛

図47　『アサヒグラフ』1936年4月

図48　『世界知識』1936年6月

京朝日新聞』（十一月一日）、『読売新聞』（十一月三日）などが、いずれもこの頬骨のやや張った毛沢東像を使っており、一九三六年当時——すなわち、スノーの取材以前——であれば、これが日本で最もよく出回っていた毛の顔だった。そうした中で、前述の山本實彦や外務省情報部は、突然に全く別の顔の毛沢東を提示したということになる。

「赤豹」毛沢東

ソ連に由来し、『アサヒグラフ』『世界知識』などに転載されたやや頬骨の張ったこの毛の肖像、実は太っちょ毛沢東の写真の謎に迫る手がかりを与えてくれる。ただし、この毛の肖像自体を穴の空くほど眺めても、何かがわかるわけではない。手がかりは、この肖像を掲載した雑誌の文章の方にある。『世界知識』一九三六年六月号に掲載された進士槙一郎なる者の筆になる「『赤豹』毛沢東伝」（**図49**）が、それにほかならない。『世界知識』に発表されたこの文章、毛の肖像を文頭に配した点も面白いが、そのタイトルも振るっている。「赤豹」である。我々は毛と言えば「赤い太陽」、スノー流に言えば「赤い星」という言葉を連想するが、そうした定番代名詞のなかったころには、さまざまなあだ名がつけられたのであろう。広い中国大陸の方々を疾駆する凶暴な野獣というイメージなのだろうか。もっとも、その挿絵の顔は、「赤豹」というには、やや精悍さに欠けるような印象だが。

それはさておき、毛を赤豹に喩えて書かれたこの文章、実はなかなかすぐれた毛沢東伝である。筆致こそやや諧謔を帯びてはいるが、書かれている毛の経歴は、当時としてはあたう限り集めた資料に基づいて書かれている。それもそのはず、進士槇一郎なるこの筆名の主は、波多野乾一《はたのけんいち》（一八九〇～六三）というれっきとした中国共産党専門家、今日風に言えば、中共アナリスト・中共ウォッチャーだからである。戦前・戦中の日本における中共や共産主義運動の専門家といえば、左翼系では鈴江言一《すずえげんいち》、尾崎秀実《おざきほつみ》、田中忠夫あたりが比較的知られており、対してオーソドックスな立場の者としては、大塚令三《おおつかれいぞう》や、この波多野乾一などが有名である。このほか、上海に事務所を構えてある種の情報屋のごとき活動をした日森虎雄《ひもりとらお》などもいる。そうした面々の中で、現地にたびたび足を運び、資料収集に力を入れた中共研究の専門家が波多野であった。

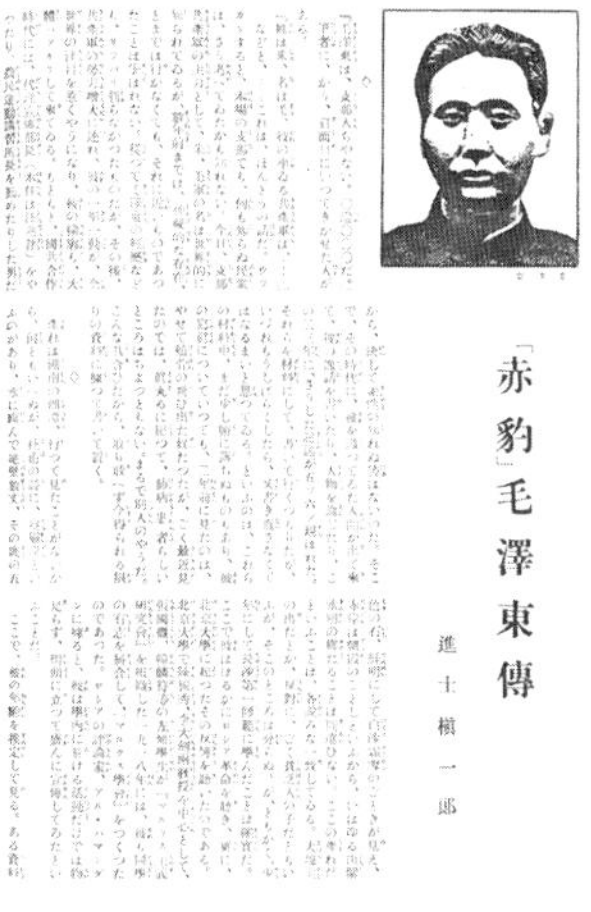
「赤豹」毛澤東傳

進士槇一郎

図49　進士槇一郎「『赤豹』毛沢東伝」

中国通・波多野乾一

波多野は、一九一二年に上海の東亜同文書院を卒業したのち、十数年にわたって『大阪朝日新聞』など日本の大手新聞数社の中国駐在記者をつとめるかたわら、一九二八年ごろから本格的に中共研究に取り組むようになり、一九三六年当時でいえば、間違いなく日本で一、二を争う中共アナリストであった。本名のほかに、進士槇一郎（槙一郎）や榛原茂樹といった筆名を用いることもあり、特に榛原茂樹《はいばらしげき》の筆名で発表した麻雀の入門・紹介書は、日本における麻雀の普及に大きな役割を果たしたとされる。さらには中国の伝統芸能の京劇にかんしても、波多野は屈指の評論家であり、その方面の著作も多い。今では、もしかすると、中共問題の専門家というよりも、京劇評論家としての方が知られているかも知れない。つまりは、硬軟とりまぜてこなす本物の中国通である。ちなみに、「赤豹」毛沢東を掲載した『世界知識』は、当時の中堅出版社、誠文堂新光社が出していた普通の海外事情紹介雑誌である。

では、その波多野の書いた「『赤豹』毛沢東伝」、どのような資料を使っているのかといえば、先に紹介したハマダンの毛伝はもちろんのこと、これも先に紹介した『社会新聞』誌に掲載された種々の共産党内幕記事（毛を湖南王と呼ぶあたり）なども、ていねいに集めていることが見てとれる。例えば、「中央宣伝部時代の毛沢東」（『社会新聞』一九三三年二月）、「毛沢東印象記」（同一九三四年五月）などである。ちなみに、前者の記事は前章で紹介した高自立も未刊稿の毛伝で使っていたものであった。

二枚の写真

このように、『赤豹』毛沢東伝」は、当時の日本における中共研究の第一人者による評伝として注目にあたいするが、より興味深いのは、波多野が文中で毛の容貌と写真について述べていることである。つまり、波多野は共産党の刊行物や『社会新聞』といった文献資料以外に、画像資料も集めていたらしい。謎の多い毛について、色々な憶説やデマが流れていることに関連して、波多野はこう述べる。

彼の写真についていっても、二年前に見たのは、やせて頬骨の飛び出た奴だったが、ごく最近見たのでは、真丸に肥って、肺病患者らしいところはちっともない。まるで別人のようだ。

肺病患者云々は、ソ連の毛沢東伝でも繰り返し紹介されていたことだが、その情報は波多野にも伝わっていたようである。ちなみに、スノーも「赤い中国」に行くまでは、「毛沢東は不治の病に冒されている」という情報を信じていたというから、それは当時のチャイナ・ウォッチャーの常識だったのだろう。ところが、波多野はそんな病人とは思われないほど太った、別の毛の写真を見たらしい。毛の容貌について、波多野はよほど怪訝に思ったらしく、同じ文章の中でもう一度、次のように言及している。

最近、彼の写真なるものを見たが、肺病患者と聞いていたのに、まるまるとふとって、どこかの重役のような顔をしているには驚いた。

どうやら、この文章を書いた時点で、波多野のもとには二枚の毛沢東写真があったようなのである。そして、その一枚はやせた男の写真、より具体的に言えば、頬骨の出た、あるいは肺病人と言われてもおかしくないような写真であった。それに対して、波多野が最近入手した毛の写真は、まるまると太った男の写真、つまりはどこかの重役のような恰幅のよい写真だったようである。そして、波多野が実際に『赤豹』毛沢東伝」に掲載したのは、図48であった。図48は先にも述べたように、以前からソ連の刊行物などに掲載されていたものだったから、二枚の写真でいえば、やせ男の毛沢東写真の方であろう。ということは、波多野はこの図48のほかに、最近になってもう一枚、別人のように太った毛の写真を入手したと考えてよいだろう。まるまると太って重役のような毛の写真……。

賢明な読者は、すでにおわかりだろう。そのとおり。波多野があらたに入手したと言っているのは、あの謎の太っちょ毛沢東写真のことではないかと思われるのである。ということは、かれは痩せたものと太ったものの二種類の毛の写真を持っていたが、一九三六年のこの時点に発表した毛伝の挿絵としては、以前からあった痩せた方の写真を使い、最近手に入れた太った方の写真は、不自然に見えたせいか、この時は使わなかったという結論になろう。

波多野の「『赤豹』毛沢東伝」は、山本實彦『支那』よりも数カ月前に、さらに言えば、『週報』の「支那共産軍を語る」の一年ほど前に発表されたものである。ならば、それらに載った太っちょ写真と波多野の関係は、はたしてどのようなものであったか？　これに対しては、波多野の経歴のうち、以下の一段を述べるだけで十分であろう。すなわち、かれは一九三二年五月に、それまで勤めていた時事新報を退社し、ほどなく外務省情報部の嘱託に就任、その後一九三八年まで省内向けに中共関連の資料作成、情報分析にあたった。一九三六～三七年のその時期、波多野は外務省情報部で働いていた。『週報』に「支那共産軍を語る」を執筆したのも、そしてその記事の挿絵として太っちょ毛沢東の写真を使ったのも、波多野だったと見て、ほぼ間違いない。

第四節　波多野乾一の中国共産党研究

中共アナリスト

一九三七年八月、官報附録の『週報』に外務省情報部の名義で発表された「支那共産軍を語る」を執筆したのは、情報部で嘱託を勤めていた中共専門家の波多野乾一であった（**図50**）。むろん、その文章に波多野の署名はないから、かれ以外の誰かが書いたという余地は残っている。だが、当時の外務省の職員録を見る限り、情報部（部長は一九三二年以後、白鳥敏夫、天羽英二、河相達夫と続く）に正規の職員は少なく、その中に中共問題の専門家と呼べる人間は含まれていない。外務省の業務担当の常として、こうした専門性の高い分野の情報収集や報告書作成といった実務は、官僚自身がやるのではなく、嘱託あたりが担うのが相場というものである。

もっとも、嘱託とはいいながら、波多野自身はかなりの好条件で遇されていたらしい。後の官制改革で波多野が外務省から興亜院の嘱託に配置換えとなった際（一九三九年）、かれに支払われる賞与は嘱託

図50 1930年代半ばの波多野乾一（自宅書斎にて）

職員の中でもダントツに多く、一位のかれ（高等官扱い）が七百円に対して、二位の者のそれは四八〇円であった。ちなみに当時の大卒銀行員・公務員の初任給は七〇〜七五円ほどである。かれの地位が、「嘱託」という言葉から想像されるものよりも、かなり高いものだったことが知れよう。

ちなみに波多野は、筆名で発表したものを含め、『改造』にも寄稿しており、一九三七年には改造社から『現代支那の政治と人物』を出版している。社主の山本實彦とも懇意であった。その山本が『支那』で、太っちょ毛沢東と悪党面の朱徳の妙な肖像画を掲げたということも、かれと波多野の関係を考慮に入れれば、山本が独自に収集したものというよりも、波多野が入手したばかりの写真を提供してくれたのだと解釈する方が自然であろう。つまりは、次のようなストーリーではなかったかと推測できる。すなわち、

一九三二年中頃、当時、日本で一、二を争う中共問題の専門家だった波多野は、好条件で外務省情報部に引き抜かれ、以後嘱託として、中共にかんする資料収集、分析、そして中国問題に関する対外広報の仕事にあたった。一九三六年前半ごろ、『世界知識』に毛沢東伝を執筆することになっていたかれは、何らかのツテで、山高帽をかぶり重役のごとくこえ太った毛とおぼしき男の写真と凶暴な容貌の朱徳の似顔絵（恐らくは『チャイナ・トゥディ』掲載のもの）を手に入れたが、自著の毛伝にはその奇妙な肖像は

使わず、前から持っていたソ連由来の肖像を使った。ただし同じ頃、山本は知己の波多野から太った毛の肖像写真を提供され、それをおりから出版することになっていた自著『支那』に収録した。他方、一九三六年には太った毛の写真に疑問を持っていた波多野も、翌年に外務省情報部の命を受けて、中共分析の論文「支那共産軍を語る」を執筆・発表するにさいしては、何らかの意図で、太った毛の写真を『週報』に掲載した、と。

実際、その全てが正確な情報ではなかったとは言え、中共に関する波多野の資料収集は、かなり広範囲に及んでいる。つとに外務省情報部で働く以前から、中共の歴史と現況について、かれは榛原茂樹の筆名で、「支那共産党略史」（『日本読書協会会報』一二九号、一九三一年七月）や『中国共産党概観』（東亜研究会、一九三二年二月）といった著作を発表している。特に百ページを超える前者は、日本で書かれた中国共産党の歴史にかんする研究論文としては最初のものであり、かつ中国における「共産主義」の語の来歴や、党の第一回大会の期日に関する考証を盛り込んだ本格的党史著作であった。これらの分析の水準の高さを、当時の外務省情報部部長だった白鳥敏夫《しらとりとしお》に買われて、外務省に迎え入れられたわけである。外務省に入った波多野は早速に、一九三二年十月ごろそれらの研究をとりまとめ、七百頁になんなんとする『支那共産党史』（省内機密図書）を作成している。省内限定の資料というただし書きはつくものの、これは日本で最初の中共党史研究書（資料集）である。

毛についても、かれは外務省嘱託となった直後の一九三三年に、『世界知識』（六月号）に「中国共産党の中心人物」という概説を書き、そのなかで毛を「巨星」と呼んで、かなり詳しく紹介している（肖像はなし)。かれはそのころから、時の共産党を「毛沢東時代」とし、モスクワ派などは毛の実力に気圧され、事実上はコミンテルンの電話機にすぎないと評していた。毛の当時の不遇などは、外界ではうかがい知れなかったのであろうが、毛に対するかれの高い評価は、その後も変わらなかった。

また、外務省では一九三二年以降も、かれが中心となって、中国語はもちろん、ロシア語、ドイツ語、英語などの中共関連の資料を収集、それらを翻訳した上で解説をつけ、年に一度の割合で省内参照用の冊子にまとめていた。資料冊子は、年ごとに外務省情報部編の『中国共産党○○年史』と銘打って、一九三二年史から一九三七年史まで六冊が印刷された。それら外務省内限定の中共党史資料集は、戦後にその価値を評価され、一九二〇〜三一年分(前述の『支那共産党史』)を第一巻として追加した上で、波多野編と明記して『資料集成中国共産党史』全七巻として復刻されている。

波多野をめぐる評価

しかし、戦後日本の中国史研究において、かれにたいする評価は、必ずしも高くない。かれの集めた膨大な資料は別として、その研究はあくまでも帝国日本の立場、つまり中共を敵視する政治的立場からなされたものだと見なされたのである。外務省の波多野に対して、満鉄調査部系統では、主に大塚令三が中共研究にあたったが、大塚のそれも「当時の日本の国家目的のための調査」「官辺の側の研究」という評を免れなかった。戦後日本における中国近現代史研究は、共産党の勝利(中華人民共和国の成立)をさかいに、中国革命を肯定し、共産党の立場や説明に沿ってなされるべきだという逆のイデオロギーによって、強く規定されるようになったからである。

こうした共産党中心史観は、冷戦体制の終結とともに影響力を失っていくが、幸か不幸か、その後の日本では、中共の歴史への関心そのものが急速に薄れてしまった。かくて、波多野の研究は、外務省という閉じられた世界でなされたことも手伝い、その正当な価値を知られることのないまま、今日に至っているのである。ただし、共産党が長征を経て華北に姿をあらわし、その後の西安事変を経て、再び大きな勢力となっていった一九三六～三七年当時には、波多野は一方でそうした中共の動向を分析しつつ、他方で『中央公論』『改造』『国際評論』『世界知識』などに、中国共産党論を次々に発表する売れっ子の「中国通」であった。

外務省情報部の名義で発表されたものも含めれば、波多野の著作はかなりの量に上る。毛の略歴・伝記についても、例えば一九三二年末に外務省がつかんでいた情報の例として、第一章で紹介した『現代中華民国・満洲国人名鑑』（外務省情報部編刊）の記述（本書三一～三二頁）などは、実際には波多野によるものだろう。それ以降も、波多野の執筆した中共指導者論には、必ずと言ってよいほど毛が登場する。そ「中国共産党の中心人物」（一九三三年）、「『赤豹』毛沢東伝」（一九三六年）などはその代表例である。それら一連の評論は、『週報』に問題の太っちょ毛沢東写真の載った一九三七年八月に、波多野の大部の論集『現代支那の政治と人物』にまとめられ、改造社より刊行された。

興味深いのは、毛の二枚の写真に言及した「『赤豹』毛沢東伝」も、その論集に収録されてはいるものの、二箇所あった写真についてのコメントのひとつが削除されていることである。すなわち、「最近、彼の写真なるものを見たが、肺病患者と聞いていたのに、まるまるとふとって、どこかの重役のような顔をしているには驚いた」以下の文末の段がなくなっている。ただし、「彼の写真についていっても、二年前に見たのは、やせて頬骨の飛び出た奴だったが、ごく最近見たのでは、真丸に肥って、肺病患者らしいところはちっともない。まるで別人のようだ」という部分は相変わらずだから、この時点でも二枚の写真について、明確な判断をしかねていたことは、原文の時（一九三六年）と同じである。この論集の出た一九三七年八月が、まさに『週報』の太っちょ毛の掲載と同じ時期なわけだから、『週報』掲出の写真は、波多野の思惑に関連すると見てよいだろう。

写真の来歴

では、痩せと肥えの二枚の毛の肖像を持っていた一九三七年のかれが、どうして太っちょの写真を『週報』の「支那共産軍を語る」に掲載するに至ったのか。それへの答えの参考材料となるものが、まさにその記事の中に含まれている。この記事に、毛と朱の変な肖像と並んでもう一枚掲載されている図版（**図51**）がそれである。「紅軍砲兵」というキャプションがつけてあるこれは、国民党軍から鹵獲《ろかく》したと見られる山砲を構える紅軍兵士の図である。この図版はそのもとになった写真を特定することができる。『週報』に先立つこと四カ月ほど前、すなわち一九三七年四月十五日に『救国時報』に掲載された図版（**図52**　キャプションは「紅軍炮兵之一部」）である。

『救国時報』とは、中共がパリで出していた大判雑誌（基本的に五日に一度発行）である。これまた先に紹介したフランス語パンフレット『今日の革命中国』と同じく、編集をモスクワの駐コミンテルン中共代表団が行い、パリで印刷・発行するスタイルの宣伝物である。『救国時報』はさすがにパリで印刷

図51　『週報』の「紅軍砲兵」

図52　『救国時報』の「紅軍炮兵之一部」

されるものだけあって、誌面にしばしば写真を掲載したが、その中に『週報』のそれと同じ写真が載っているのである。

他方で、波多野ら外務省情報部が『救国時報』を収集していたことには証拠がある。波多野が毎年こつこつと作成した資料集の『中国共産党一九三七年史』に、『救国時報』より引用した文献が収録されているのである。これなどは、波多野が直接買い付けていたというよりも、駐パリ日本大使館あたりが収集して、定期的に本省に送っていたものだろう。

『救国時報』は中共系列の雑誌だから、紅軍砲兵の図版を掲載しても何の不思議もないように見える。だが、この写真はあるジャーナリストが撮影した一枚であった。ほかならぬエドガー・スノーである。スノーの『中国の赤い星』やその中で使われている写真については、後ほどタップリと説明するが、一九三七年秋に出版されたイギリス版にはこの写真はないものの、一九三八年初めのアメリカ版にはこの砲兵写真

図53　『ライフ』に掲載された紅軍の砲兵

が「スノー撮影」のクレジット付きで掲載されているのである。と書くと、読者は怪訝に思われよう。一九三八年出版の本に載った写真が一九三七年四月の『救国時報』に転載されるわけがないだろう、と。もちろんその通りである。紅軍は神速をもって知られたが、時間をさかのぼることはできない。経緯はこうである。スノーは一九三七年に『赤い星』を刊行するのに先立って、陝北での取材記や撮影した写真の一部を、大手のメディアに公表していた。特に、アメリカのグラフ雑誌『ライフ』には、一九三七年一月二十五日号と二月一日号に分けて、四十枚以上の写真が説明付きで掲載されたが、その内の一枚がこの砲兵の写真（**図53**）なのである。

『救国時報』は『ライフ』から砲兵の写真を借用、そして外務省情報部は、『救国時報』からその図版を模写して使用したと見られる。『救国時報』からの孫引きではなく、直接に『ライフ』から借用したという推理もあり得るが、以下の理由で否定されるだろう。第一の理由は、直接に『ライフ』を見たのであれば、砲兵のみでなく、毛の肖像など他の写真も借用したはずであるということ。第二に、図版のトリミング（特に山砲の砲身の部分）の範囲が、『救国時報』と『週報』とで完全に重なるということである。

波多野は中共がパリで出していた雑誌を手に入れていた。また、スノーの撮った写真は、一九三七年前半にはそうした中共の刊行物に転載されていた。現に、毛を撮った最も有名な一枚（図６）も、『ライフ』での掲載から五カ月後の一九三七年六月十三日に、『救国時報』にちゃんと転載されている。同じくスノーの撮った騎馬の周恩来の写真も『救国時報』に掲載されていた。なのに……、波多野は『救国時報』に載ったスノー撮影の砲兵の写真は見ていた半面、本物の毛や周の写真のほうは見ていなかったのだろうか。あるいは、毛らの肖像の載った号だけが収集から漏れていたのだろうか。

第五節　外務省情報部──国民に何を伝えるか

スノーの報道の衝撃

複雑な情報の伝播とコピー・アンド・ペーストの話が延々と続いてしまったので、ここでいったん、これまでの説明を図示してまとめておこう。次頁の**図54**の左側の系列は、一九二七年の集合写真から流れ出た毛のイメージ群である。集合写真から切り出された毛のイメージは、その後トリミングと加工を経て、一九三三～三六年にソ連などで革命パンフレットに収録され、その内の何枚かは波多野の中共関連コレクションに収められた。他方で、波多野のコレクションの中には、出所のよくわからない太った毛の写真が含まれていた。その後、スノーが中共地区の取材に成功したことによって、こうした情報の片寄りは大きく改善された。スノーの写真は、『ライフ』や『救国時報』などを通じて拡散・普及し、やがて旧来の資料群を陳腐化し、それらに一挙に取って代わるようになっていった。毛のイメージにつ

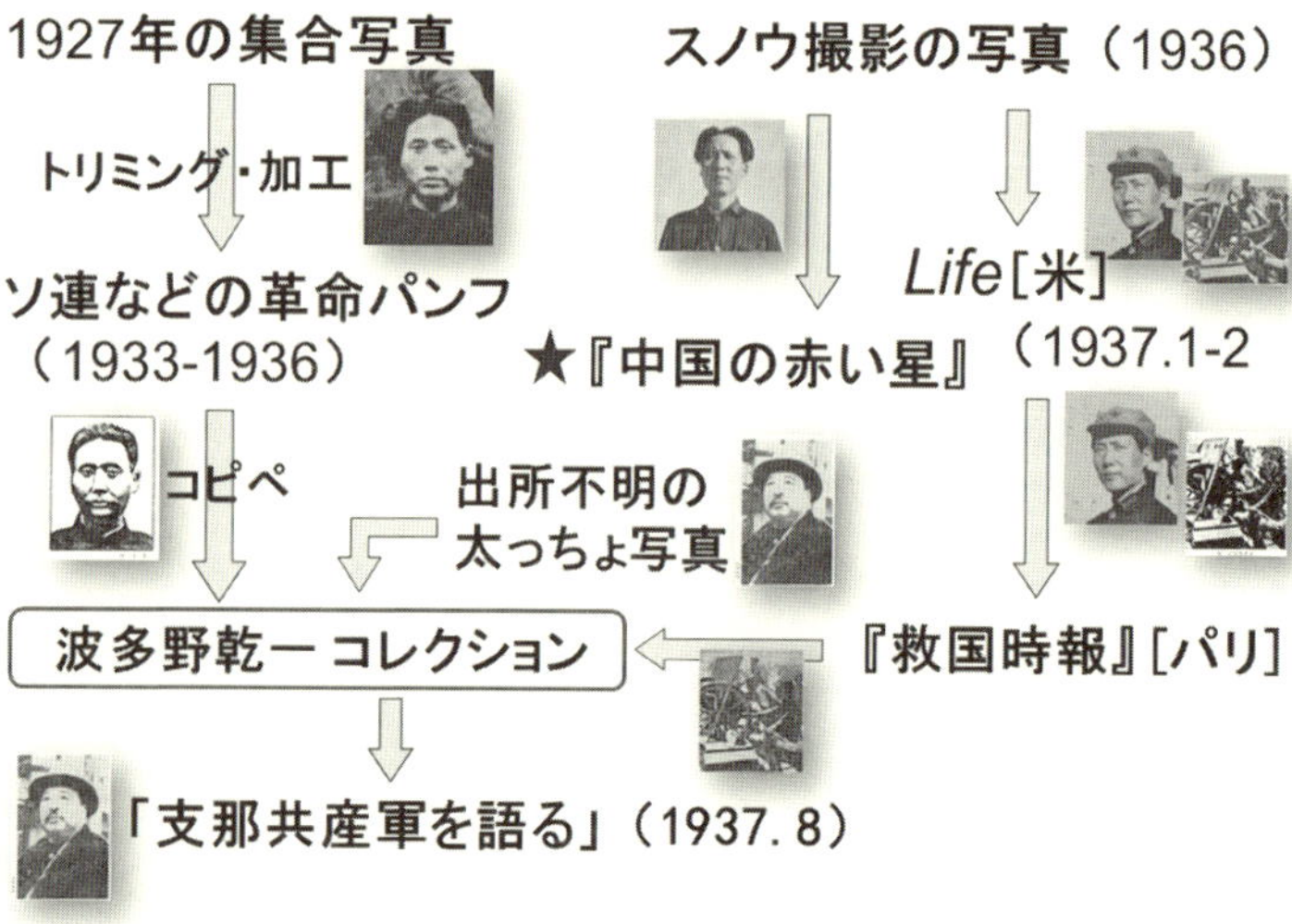

図54　毛沢東イメージの変遷

いていえば、ここにスノー『中国の赤い星』の一強時代が始まるわけである。

　このように、波多野が外務省情報部の名義で「支那共産軍を語る」を一九三七年八月に『週報』に発表した時点で、スノーが共産党根拠地で集めた記録や写真は、部分的ながら色々なメディアに公表されつつあった。スノーの『中国の赤い星』といえば、名著という先入観があるためか、単行本ばかりに注目が集まりがちだが、そのインパクトは毛沢東ら共産党指導者の写真やインタビュー記事の先行発表によって、一九三六年末から三七年初めには、すでに広まりを見せつつあったわけである。

　現在、東京の東洋文庫には、波多野の残した新聞スクラップ帳が残されており、そこには「共産区踏査に米人記者成功／貴重な視察記」と見出しの付いた『時事新報』（一九三六年十月三十一日）

の記事が貼り付けられている。言うまでもなく、スノーが取材を終えて北平（現北京）にもどったことを伝えるものである。スノーが共産党地区に潜入して、かなりの取材成果をあげたことを波多野がリアルタイムで知っていたことは、まず間違いない。だとすれば、中国のゴシップ誌『社会新聞』やフランスの中国語雑誌にいたるまで、注意を怠らない外務省情報部や波多野が、『ライフ』のような公開のメディアに載ったスノーの報道を見過ごしていた、あるいは目を向けていなかったということがあり得るだろうか。さらに言えば、そうした記事に毛の写真がついていることに、気づいていなかったのだろうか。

なぜ太っちょ写真を使ったのか

毛沢東写真の扱いについて言うならば、スノーの撮った紅軍帽のいでたちの毛を知っていたのに、あえて太った毛の写真を使用したのか、それともそんなものがあるとはつゆ知らずに、毛を太っちょだと思い込んだのか。それによって、酌量の余地は大きく異なる。すなわち、過失なのか、故意なのかの違いである。それぞれについては、次のような結論が導かれよう。

第一に、波多野らが本当に毛を太っちょだと考えていたとするケースである。この場合、極端に言えば、盧溝橋事件当時の日本は、まさに敵の顔を知らない戦いをしていたことになろう。孫子に曰わく、「彼を知り己を知れば、百戦してあやうからず」と。この場合はそうではないから、「彼を知らず己を知らざれば、戦う毎に必ずあやうし」となる。あっという間に片づくと思っていた中国との「事変」が八年も続き、しかも勝てなかったことは、我々も知るところである。ちなみに、スノーは『赤い星』の中で、「多くの日本人は毛沢東を今の中国で最も有能な戦略家と見なしていた」と述べ、日本の毛沢東分析がかなりの水準にあると考えていたようだが、顔写真すら鑑別できないとなると、かれの評価は大甘だったということになってしまうだろう。

第二の可能性としては、波多野らは太っちょ写真が本物ではないのを知っていながら、あえてそれを公表したという故意のケースが考えられる。その場合は、国民に「共匪」のマイナス・イメージを植え付けるためのある種の情報操作だったということになろう。肥え太ったブルジョアの如き党の首領と山賊の如き風貌の紅軍司令、この二枚の肖像は、中共の現状を伝える何千字もの論文より、はるかに読者のイメージを喚起したはずである。これまた中国の古典（論語）を引けば、「民は之に由らしむべし、之を知らしむべからず」（為政者は人民を施政に従わせればよいのであり、その道理を人民にわからせる必要はない）という一種の愚民政策に行き着こう。

では、現実はどうだったか。まず、日本国内におけるスノーの記事の翻訳状況を見ておこう。実は、『週報』が太っちょ毛の写真を載せた一九三七年八月以前に、スノーの記事は日本の大手雑誌に、堂々と掲載されていた。**図55**はその年の七月に『世界知識』に、翻訳の上掲載されたスノー「支那共産軍の本拠を衝く」の版面である。もとロンドンの日刊紙『ディリー・ヘラルド』に連載された記事の翻訳だが、記事に混ざって載っている毛沢東や夫人・賀子珍、そして騎馬の周恩来らの写真の方は、『ライフ』に由来するものである。そう、『週報』よりも一カ月前、市販の雑誌で毛の本当の写真を見ることは可

図55　『世界知識』1937年7月号

能だった。さらに言えば、この『世界知識』は波多野がたびたび寄稿していた雑誌である。常識的に言って、かれがこの翻訳記事に気がつかなかったとは、少々考えにくい。

もう一例あげよう。**図56**はこれまた日本を代表する雑誌『改造』に、『週報』の二カ月前、すなわち一九三七年六月に翻訳・掲載されたスノーの取材記「中国共産党領袖毛沢東会見記」である。前年十一月に上海の英文雑誌『チャイナ・ウィークリー・レビュー』に発表されたインタビューを直訳したこの記事にも、紅軍帽をかぶった毛が写っている。この写真は、その英文雑誌にそもそもついていたものである。このように、波多野が常連で寄稿していた雑誌が、相次いで毛の肖像写真を掲載していたのだから、それに気づかなかったとしたら、相当にのんきな情報部というよりほかにない。実際はと言えば、波多野の作成にかか

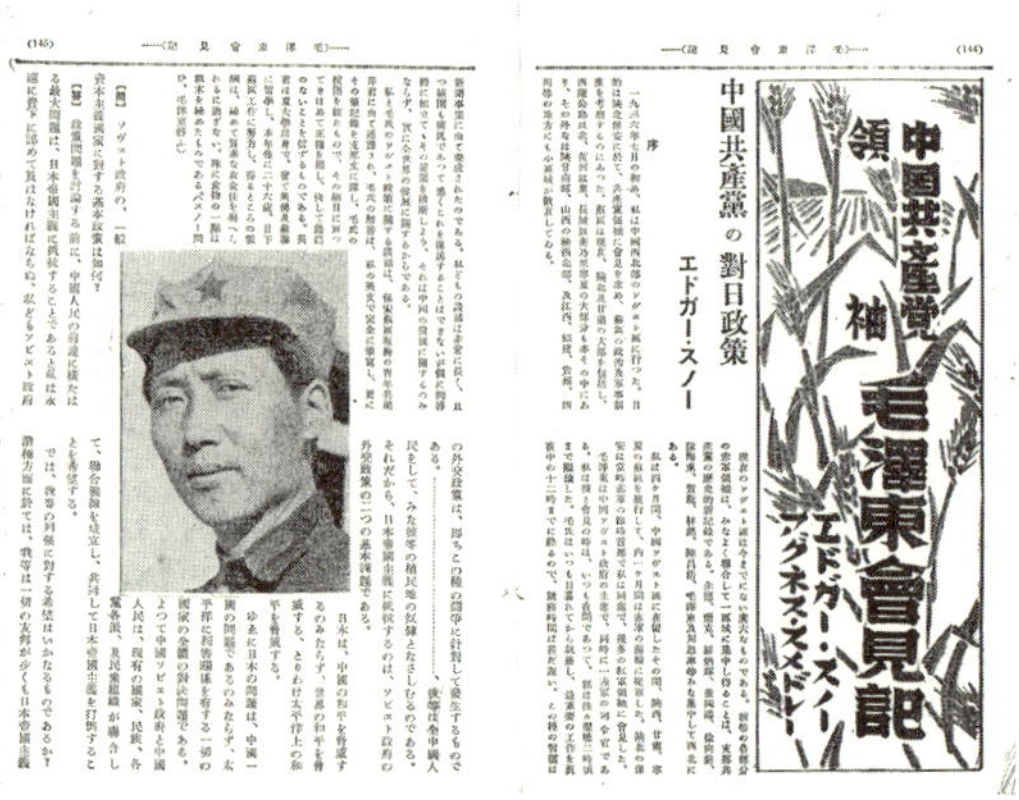
中國共產黨領袖毛澤東會見記
エドガー・スノー
アグネス・スメドレー
中國共產黨の對日政策
エドガー・スノー

図56　『改造』1937年６月号

る資料集『中国共産党一九三六年史』（一九三七年二月発行）には、スノーが発表した毛のインタビューが翻訳・紹介されている。そのインタビュー記事についていた毛の写真を見ていないほうがおかしかろう。

知っていた波多野

さらに証拠を積み重ねよう。「支那共産軍を語る」をよく読んでみると、紅軍の人員構成にかんする統計が出てくるのだが、この統計の数字こそは、波多野らがスノーの取材記のことを知っていた動かぬ証拠である。つまり、「支那共産軍を語る」は、紅軍士官の平均年齢を二十四歳とした上で、第一軍団の兵士の出身については、その58％が農民、25％が農村労働者（職人、大工、徒弟など）、3％が工業労働者、4％がブルジョア知識人であると述べるのだが、このデータが上海の英文紙『シャンハイ・イブニング・ポスト（*Shanghai Evening Post & Mercury*）』に掲載されたスノーの論文「共産党と西北（The Reds and the Northwest）」（一九三七年二月三〜五日）とピタリと一致するのである。そして、この記事には毛沢東、周恩来らの写真がついていたのだった。

もはや言い逃れはできまい。外務省情報部は、スノーの記事とそれに付けられていた写真をちゃんと知っていた（のに隠した）のである。情報隠蔽の意図は、共産党とその領袖たる毛を好意的に描くスノーの姿勢は、好ましくないというものであっただろう。肖像についても、紅軍の帽子をかぶった端正な毛沢東像では、国民に「共匪」についての誤ったイメージを与えかねないというものではなかったか。つまり、スノーの撮った毛の写真を掲出すれば、どうしてもスノーの取材に触れざるをえないが、そうなれば、共産党とその領袖たる毛に、ある意味で素朴な共感を示すスノーの見解が広まることを黙認することにつながってしまうわけである。それは、翻訳記事であっても、原稿に「日本帝国主義の侵略」とあれば、検閲して「××××主義の××」と伏せ字にするようになっていた当時の日本では、決して望ましいことではなかった。

本来、外務省情報部は、内外に正しい情報を発信・提供する目的で設置された部署である。また、政府官報『週報』も、「政府の各種機関によって得られる内外の情勢・経済学術等に関する資料を公開して、政府と一般国民との接触を緊密にし、公明な政治の遂行に寄与」するとして創刊されたものだったはずである。そうした書き手がそうした媒体に発表した記事で、かかる情報操作がなされたわけだから、日本政府における情報公開の感覚は、曇っていたどころか、すでに麻痺に至っていたとの感が深い。逆に言えば、共産主義に対する当時の日本官憲のアレルギーは、そうした域にまで達していたのだということなのかも知れない。

波多野の立場

もっとも、波多野の立場もわからないでもない。恐らく、スノーの中共地区潜入と取材、特に毛との会見録や写真といった取材記録が、とてつもない価値を持つものだということを、日本でいちばんよくわかっていたのは、他ならぬ波多野自身であっただろう。中共の資料収集に長年たずさわってきた者であるがゆえに、かれにはスノーの取材の凄さが直ちにわかったにちがいない。何せ当時の中共地区は、入ったが最後、生きて出てきた外国人はいないと言われていたくらいの魔境である。

ちなみに、スノーが中共地区へ入ろうとしていた一九三六年の半ば、その波多野と大塚令三という日本を代表する中共研究者二人も相次いで中国へ調査旅行にでかけている。ただし、波多野は八月に上海で資料調査をしただけ、一方の大塚は十月に「支那ソウェート地区踏破記」なる旅行記を『中央公論』に発表しているが、こちらも五月に杭州から長沙まで、鉄道とバスで旅行しただけの記録である。「共匪」には一人も会っていない。それが共産党地区踏破と題して大手雑誌に掲載されていたわけで、これが当時の日本人の現地調査の限界であった。もってスノーの陝北行やその取材記事が、日本にあっても、如何に破天荒なものだったかが知れよう。いわば、中共問題の専門家を自任する者として、スノー撮影の毛沢東像を掲載することは、情報収集での完敗を認めることを意味するのである。

それにしても、スノー撮影の毛の写真を出したくないのなら、掲載しなければそれで済むのであって、何もわざわざ別の変な写真を出さなくてもいいのにと思ってしまうが、波多野には波多野なりに、自分が集めたコレクションへのある種のこだわりや確信があったのかも知れない。ただし、スノーの撮った

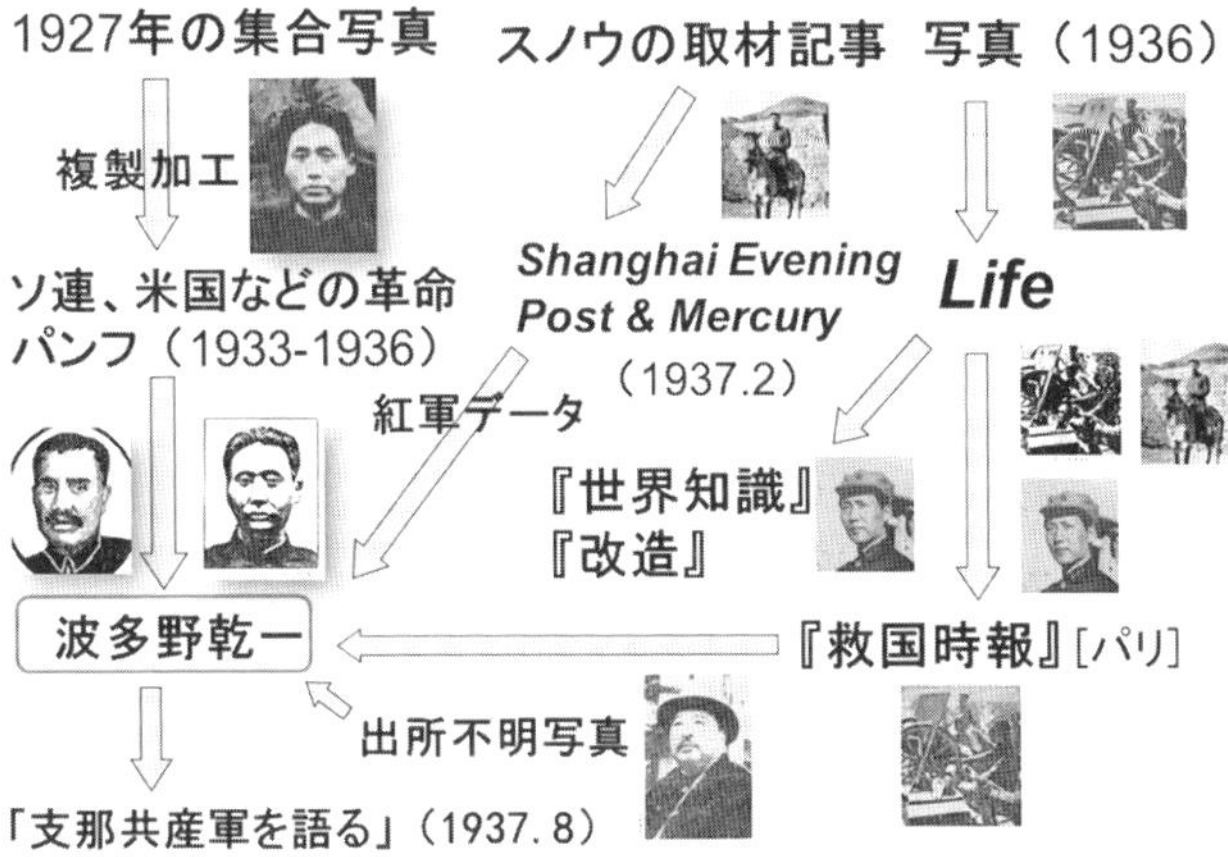

図57　画像・情報の流れ

写真が広まっていく中、太った毛の写真をその後も使い続けることは、さすがの外務省情報部もできなかったようである。というのは、この「支那共産軍を語る」という記事は、その内容ゆえに、その後『憲友』（憲兵職員の関連団体の雑誌）といった雑誌などに収録されていくのだが、それらには図版が一切ついていないからである。記事そのものはよいが、妙ちくりんな図版の方は、省かれたわけである。

　さて、こうした事情を加味して、先に提示した見取り図（図54）を補正すると、**図57**になる。左側は先の図と同じだが、スノー由来の記事や写真が日本に伝播していたということが明らかとなるわけである。毛の肖像でいえば、スノーの撮った写真は、『週報』の記事よりも早くに、『世界知識』や『改造』といった日本の雑誌に掲載されていたし、上海の英字新聞にスノーが発表した記事やそのデータは、間違いなく波多野や外務省情報部のもとにもたらされていたのである。ただし、繰り返しになるが、日本政府の公式刊行物では、スノーの記事（毛へのインタビュー、肖像写真）の存在は秘匿され、国民に伝えられることはなかった。

第六節　あの太っちょは誰か

謎の太っちょ

外務省にあって、中共問題専門家として関連資料の収集、分析にあたった波多野乾一は、その後に興亜院、大東亜省で同じく嘱託として働き、戦後には産経新聞の論説委員などをつとめた。その間も中国、中共関連の著作を発表する一方で、かつて外務省時代に一九三七年分まで毎年編纂した『中国共産党〇〇年史』を、『資料集成中国共産党史』全七巻として一九六一年に復刻している。そのさい、かれは一九三八年以降の中共党史についても、継続刊行していくという意気込みを示したものの、結局それを果たすことのないまま、その二年後に世を去った。その蔵書のうち、資料的価値のあるものは、後に東洋文庫に寄贈され、「波多野文庫」として保管されている。ただし、遺族によれば、没後間もなく、波多野邸を訪れた研究者と思しき人々によって、持っていかれたものが随分あるとのことである。

さて、そのかれが残した最後の謎が、例の太っちょ写真は一体誰なのかである。だが正直に言って、わたしはまだ解答を見つけられずにいる。誰の写真なのか、いまだに不明である。言うまでもなく、毛でないのは確かであり、かつ誰が、どういう意図でその誤った写真を掲載してしまったかについては、すでに説明してきたところである。したがって、この太っちょが誰なのかという問題は、ひっきょうは好事家の趣味的問題ではあっても、学問的には二義的な重要性しかないと開き直ることも、できないわけではない。しかし、本書がここまで毛の色々な初期イメージを説明してきた経緯からすれば、いちばん面白いこの写真の主を特定できないことは、画竜点睛を欠く結果だと言われても仕方あるまい。

むろん、筆者はこの太っちょを探し出すために、内外の専門家はもちろん、様々な人にそれこそ手配写真よろしくこの「毛沢東」を見せてきた。と同時に、波多野がその前後、および戦後に書いた文章や記事、さらには「波多野文庫」をかなり渉猟してきた。だが、警察風に言えば、誠に遺憾ながら、捜査本部は今なお確かな情報を得て、この人物を特定するには至っていない。ただし、この人物に関して、「容疑者」がいないわけではない。何人かを参考人として召致しよう。写真の容貌が唯一の手がかりだから、体型的にやや太めで、ドジョウ髭（あるいは八の字髭）が特徴的な人物ということを目安にして、それらしい人物を絞り込んでいくことになる。

図58　馮玉祥

まずはこの人物（**図58**）、名を馮玉祥《ふうぎょくしょう》（一八八二〜一九四八）という。民国時期に主に中国北方で活躍した軍人である。元々は直隷派の一員であったが、一九二四年を境に国民党に接近し、北伐にも協力した開明的な人物で、南京国民政府の時期には、独裁に突き進む蒋介石とたびたび対立、反蒋陣営を率いて蒋と戦ったこともある。自身が倹約をむねとし、かつ敬虔なキリスト教徒だったこともあって、しばしば「クリスチャン・ジェネラル」とも呼ばれた。どうだろう、この堂々とした体躯と顔立ち。太っちょ写真に似てはいまいか。ただ、太っちょ写真が波多野のコレクションに由来するという前提、つまり波多野にある種のこだわりがあって、太っちょ写真を毛のものだと判断したという前提に立つ限り、それが馮玉祥である可能性は、限りなくゼロに近い。言うまでもなく、馮玉祥は民国当時にあっては知らぬ者のないほどの大物軍人であって、写真もよく出回っていたトップクラスの有名人である。かれの名も知らぬ素人ならともかく、波多野ほどの中国通が馮玉祥の写真を見まちがえることは、まず考えられない。恐らくは、その太っちょ写真の人物は、波多野にとってもそれまで見たことのない人物だったに違いないのである。

李杜

では、次の被疑者へ。**図59**の人物はどうだろう。ややうつむき加減に写っているが、顔立ちも近く、特徴的なヒゲのはやし方など、そっくりではないだろうか。太っちょ毛沢東から帽子を取ってみたら、かなり似ているように見える。この人物は李杜《りと》（一八八〇〜一九五六）、これまた民国時期に東北（いわゆる満洲）で活躍した軍人である。李杜は馮玉祥に比べれば、知名度は大きく落ちる上に、一九三五〜三六年当時、毛と間違われてもおかしくない動きをしていた。毛の二人の息子を秘密裏にソ連に送るべく、商人を装ってヨーロッパまで同行した人物なのである。事情は相当込み入っているが、おおよそ次のような経緯である。

李杜はもと張作霖・張学良《ちょうがくりょう》父子配下の軍人であった。周知のように一九三一年に満洲事変が起こると、張学良の東北軍は抵抗せず、南に撤退したが、黒龍江のあたりでは投降を肯んじない一部の将兵が関東軍に抵抗した。その一人がこの李杜である。李らはその抵抗も空しく、一九三三年にソ連領に逃れ、その後ヨーロッパを経由してその年の六月に上海にもどった。上海での李杜は、抗日救国の活動を通じて次第に宋慶齢や共産党に接近、やがて東北での抗戦再開と武器供与をソ連に求めんとして、共産党への協力・入党を願い出るまでになったのだった。

おりから一九三五年冬に陝北に到着した中共中央は、壊滅状態に陥っていた都市部での活動を再起動させるために、翌年春に文化工作の幹部・馮雪峰《ふうせっぽう》（一九〇三～七六）を上海に派遣した。かれの任務は、いわゆる抗日統一戦線工作に筋道をつけるべく、組織を立て直すことだったが、もう一つ特殊な使命を帯びていた。それは、上海にかくまわれている毛の子どもたちを探し出して、かれらを安全な場所（革命家の子弟・孤児の養育施設のあったモスクワ）へ送り出すことだった。毛が楊開慧との間にもうけた三人の男児は、一九三〇年にそれまで同居していた母・開慧が湖南の軍閥に捕まって殺され、身寄りを失ったのち、いったんは党組織の差配で上海の養育施設に引き取られたものの、上海の組織も弾圧でズタズタにされたため、救難先を求めていた。

図59　李杜

上海でその保護にあたっていたのが、後にエドガー・スノーの陝北行きを助けることになる謎の「王牧師」、本名董健吾《とうけんご》であった。かれは、表向きは孤児院経営など人道活動に熱心な牧師であったが、共産党の秘密党員でもあった。董健吾らを通じて毛の二子の身柄を保護した馮雪峰は、その子らをモスクワに連れて行くというスパイ映画もどきの極秘ミッションを、半ば党員となっていた李杜に託したというわけである。身分を隠した李杜と毛の子どもたちが上海を発ったのは、一九三六年の六月末と言われている。中国には、李が「王元華」という偽名で取得した旅券が残されているが、そこには帯同する三人の男児の写真も付けられている。毛の二子（岸英と岸青）と董の男児である。ちなみに、毛にはもう一人岸龍という末子がいたが、失踪してしまい、上海の組織が探したものの見つけられなかったと言われている。李杜がいくら偽名を使っても、三人の少年を帯同しては怪しまれるため、女性の連絡員らも同道した。

七月下旬、李杜と毛の子らは無事にフランスに到着、王明の腹心・康生がわざわざモスクワからパリまで迎えにやってきた。李杜一行はそのままモスクワへ向かうことを望んだが、李に必ずしも全幅の信頼を置いていなかったソ連は、毛の子二人だけを受け入れ、李や董健吾の子らには、ソ連入国のための査証を発給しなかった。毛の子供を特別扱いするこの措置は、コミンテルンの最高責任者・ディミトロフがスターリンに報告した上で決定されており、かなり高度な政治判断だったことがうかがえる。結局、毛の二人の子供を康生に引き渡した李は、ソ連首脳に抗日闘争に向けた支援の要請をするという自分の目的は果たせぬまま、董の子らと共に帰国の途についたのであった。そしてしばらくの間は、モスクワの中共代表団に中国国内の情報を送るなど、シンパとしての活動を継続した模様だが、その後は政治の表舞台に上がることなく一生を終えた。

事実は小説よりも奇なり？

とまぁ、毛とこんな奇縁があり、かつ「毛沢東」と誤認された写真の主によく似ている人物が現実にいるとは……。ただの偶然ではないと言いたいところである。毛の子を連れて父親然として旅をしていたのだから、李杜は毛の子の父＝毛沢東と見られてもおかしくなかったのではないか。もしかしたら、日本の情報組織は毛の顔は知らなかったが、毛の子が父と共にヨーロッパに向かったという極秘情報をキャッチして、「毛の子の父」の写真をどこかで入手したのではないか……という途方もないストーリーが描けるではないか！

ただし、自分でこんな珍説を提示しておきながら言うのもおこがましいが、この説が成り立つためには、常識を相当に越える想定をせねばならない。すなわち、日本外務省にせよ、他の機関にせよ、中共の特殊な活動（領袖の子弟、家族の安全確保）にかかわる機密情報を探知し、写真を収集するほどマークしていながら、他に関連する報告も情報もないということがあり得るのか、というものである。それも毛自身が我が子に付き添うなど、どこの情報機関がそんな非常識な想定をするだろう。

そして何より決定的なのが、李杜の写真とされているものの中に、例の太っちょ写真と同一のものが結局見当たらないということである。李杜は近年の中国では愛国軍人と評価され、毛の子を救った経歴の珍しさも手伝って、いくつかの伝記が書かれている。李の数枚の肖像写真を収録する伝記もあるが、その中には、例の太っちょ写真はないのである。日本の情報筋が毛父子の洋行を察知して……という「陰謀史観」的解釈はさておき、結局のところ、太っちょ写真の主を特定するには、それが李杜であっても別の誰かであっても、あの写真と同じものを他所で捜し出すしかないわけである。それができない以上は、やはり手配写真に似ているというだけで、逮捕するわけにはいかぬであろう。

その李杜が毛の子供たちを連れてヨーロッパへの旅に出立したころ、そして波多野が毛の二枚の写真を前に首をひねっていたころ、本物の毛沢東に会うべく、陝西省北部の「赤い中国」へ入らんとしていた外国人がいた。言うまでもなく、本書最終二章の主役、エドガー・スノーである。これまで本書が長々と紹介・分析してきた毛のそれまでのイメージや評伝は、かれの取材によって、ほとんど無用なものとして葬り去られることになる。

第五章　スノー「赤い中国」へ入る

第一節　絶妙だった取材のタイミング

明かされないままのこと

アメリカ人ジャーナリストのエドガー・スノーが陝西省北部の町、延安を発って中共支配地区に入ったのは、一九三六年七月七日ごろである。世界を舞台に活躍するジャーナリストを夢見たミズーリ州出身の青年が、世界放浪の旅の途中、立ち寄るだけのつもりで上海に降りたってから、八年が経とうとしていた。その間、中国に魅せられたかれは、そこに腰を据え、欧米の新聞社〈ディリー・ヘラルド〈ロンドン〉とニューヨーク・サン〉の特約記者として中国報道のプロとなり、やがて「赤い中国」の現場を取材したいという願望と野心にかられるようになっていった。その数年越しの夢がいよいよ実現しようとしていたのである。

スノーの中共支配地区入りを七月七日「ごろ」と曖昧な言い方をしたのは、当時まだ国民党側の支配下にあった延安から中共地区に潜入するためには、境界線に相当する空白地帯を、一両日徒歩で越えなければならなかったからである。その後、信じられないような体験をしたかれが、取材をすべて終えて西安に帰還したのが十月二十二日、住まいのあった当時の北平にもどって、妻を安堵させたのが十月二十五日のことである。したがって、実質的な取材期間は三カ月ほどということになる。

「赤い中国」への潜入にさいしては、北平の共産党地下組織の関係者から事前に、「見えないインク」で書かれた毛沢東あての紹介状をもらったとスノーは語る。また、痩せたロバに寝具と若干の食糧を積み、カメラ二台、フィルム二十四本を持参して中共支配地区に入ったとスノーは語る。ただ、取材にあたった自身について、このような断片的なことがらをところどころで紹介しつつも、かれは『赤い星』の中で、取材の経緯をできるだけ曖昧にしている。つまり、潜入にあたってどのような準備を経たのか、どのような仲介者がいたのかなどについて、肝心なことは何も語っていないのである。むろん、これは当時かれの取材を支援してくれた関係者に累が及ぶのを避けるためであって、今日流にいえば、取材源の秘匿というジャーナリストの倫理によるものである。ただし、それらを隠すことによって、自身の体験を神秘的なものに見せるというジャーナリストとしての戦略も、なかったとは言えまい。「見えないインク」で書かれた紹介状など、いかにもスパイ小説にでも出てきそうな小道具である。

その後、『赤い星』が古典的名著の地位を得るほどに時が過ぎても、スノーは潜入の詳しいいきさつを明かすことに消極的だった。また、いくらか内幕めいたものを明かすことがあっても、それは必ずしも事実のままではなかった。かくて、『赤い星』に登場するスノーは、運を天に任せ、単身で赤匪の巣窟に乗り込む冒険家ジャーナリストのような印象を読者に与えることになったのである。

むろん、かれの取材が危険を冒すものだったことは、疑いのないところである。貧しい内陸部は「赤匪」を含めて「匪」の世界だったし、ペストや発疹チフスもしばしば発生していた。事実、かれが中共地区に潜入したらしいことをつかんだＡＰ通信は、十月下旬に西安の宣教師の話として、米人記者スノーが何者かに殺されたらしいというニュースを配信し、それはかれの故郷ミズーリの新聞にも載るほどだった。北平に生還したスノーが真っ先にせねばならなかったのは、報道陣の前に元気な姿を見せて、その誤報を正すことだったのである。こうした安否情報が一人歩きしたことからもわかるように、スノーの潜入取材は、命知らずの新聞記者による無謀な企てだと見られたのだった。

だが、実際の取材は決してそんな単純なものではなかった。かれは一九三六年春の一度目の潜入に失敗すると、その後再び書面で取材条項を中共中央に送るなど、入念な準備と交渉を重ね、試行錯誤の末に「赤い中国」への取材を決行したのであった。また、取材を受ける側の共産党にしても、たまたまやって来たヤンキー記者にたいして、さぁどうぞ、ありのままを書いて下さいという大らかな態度で迎えたわけではない。共産党は外部からの来訪者に対して、元来警戒心が強いものである。当時、陝北の中共根拠地には、ソ連から派遣されていた外国人軍事顧問がいたが、かれはスノーをアメリカから送り込まれてきたスパイだと疑っていたという。フリーのジャーナリストが個人の関心で共産党の取材をするなんて不思議だし、おまけにスノーがあまりにもすんなりとやってきたからである。

むろん、毛ら共産党の首脳たちは、スノーという人間について、それなりに人物調査をした上で、取材入境を認めたのだろうから、かれらにも、冷静な計算としたたかな思惑があったということを忘れてはならないだろう。ただ、スノーの取材は、そうした両者の準備と思惑の産物ではあるが、全般的状況をよく見れば、天の時、地の利、人の和の三要素がこれ以上ないバランスで組み合わさることによって実現した一種の奇跡であった。

スノーに味方した天地人

天の時を時機と呼ぶならば、一九三六年夏はスノーの取材が実現するのに、この時しかないという決定的な時機だった。それより一年前であれば、共産党がスノーの取材要請を受け入れた可能性は低かったであろう。一九三五年末に陝北にやって来た共産党と紅軍は、一年余りの大移動をようやく終えたところだった。さらに挙げるべきは、一九三五年の「八一宣言」に体現される抗日統一戦線方針が共産党の基本路線となり、中共は積極的に統一戦線の賛同者・協力者を求め、その新方針を伝えてくれるジャーナリストを求めていたことである。毛ら中共中央は、モスクワで作成された「八一宣言」を知らぬまま、陝北にたどり着いたのだったが、その後コミンテルンから陝北に派遣されてきた張浩《ちょうこう》（林育英《りんいくえい》）を通じて、はじめてこの新方針を知ったというわけである。

陝北に落ち着き先を確保した共産党が、新方針に沿って上海や天津などでの活動再開のために、連絡要員を派遣するようになったのが一九三六年春、まさにスノーが宋慶齢（孫文の未亡人で、当時は共産党の活動を陰で支えていた）を通じて取材の打診を試みていた時期である。一口に取材を申込むと言っても、それが実現するためには、スノーの申込みを確実に取り次いでくれるルート、つまり人や物資や情報のやりとりをするロジスティックスが確保されていなければならない。前章で紹介した馮雪峰（李杜に毛の子供の護衛を依頼した共産党連絡員）が派遣され上海にやって来るのが四月下旬、スノーの取材申込みはこの馮が取り次いだのだった。スノーはそれ以前（三月ごろ）に一度潜入を試みて失敗していたが、それはこうした連絡体制が整っていなかったからでもあった。

もう一つ、スノーにとって幸運だったのは、スノーが取材を申し入れた当時、陝北の中共中央とモスクワとの無線通信がまだ復旧していなかったことである。高出力の通信機の設置と暗号コードの設定試験を済ませ、長征以来途絶えていた無線連絡が再開したのは一九三六年六月末のことだが、その時にはスノーの受け入れはすでに決定済みだった。無線が復旧していなかったことが、なぜスノーの得になるのか。それは、後で触れるように、コミンテルンはスノーの政治姿勢に必ずしも信頼を置いておらず、少なくとも外国人記者が中共の取材にやって来ると知っていたら、事前にその人物をより慎重に審査するよう「助言」したに違いないからである。恐らく無線再開がもう数カ月早かったら、あるいはスノーの取材申し入れがもう数カ月遅かったら、その受け入れに横やりが入った可能性は充分にある。

次いで地の利である。指摘すべきは、同じく内陸部とは言え、共産党と紅軍が長征のはてに、華北まで進出してくれたこと、そして新たに紅軍が拠点に据えた陝西省北部の軍事封鎖に当たったのが、張学良軍だったことである。言うまでもなく張学良率いる東北軍は、かつての統領張作霖を関東軍に爆殺され、さらには地盤の東北（満洲）を満洲事変で日本に奪われ、内地に移駐してきた部隊である。当時は、抗日という一致点を持つ共産党との秘密連携交渉が進み、スノーが潜入した時点では、両軍は事実上の停戦状態にあり、張学良のいる西安には共産党の秘密連絡所も設置されていた。むろん、そんな両者の不審な動向にたいし、蔣介石（国民政府）とて無警戒だったわけではなく、西安周辺には特務組織の目も光ってはいたが、スノーがそれをかいくぐって封鎖線までたどり着けたのは、共産党が西安から延安へ、そして延安から封鎖線へとスノーを運ぶのを張学良軍が黙認したからである。このようなことは、共産党が江西省南部にいた時には考えられなかった。

スノーの人脈

最後は人の和、すなわち人脈である。仮に天と地の要素の巡り合わせに恵まれていても、取材の主がスノーでなく別人だったならば、その取材が受け入れられ、成功したかは、はなはだ疑わしい。当時の中国には多くの外国人が新聞社や通信社の記者として活躍していた。キャリアの長さや中国事情の理解の程度、あるいは中国語のレベルという点でいえば、スノーよりも「中国通」な外国人ジャーナリストはいくらもいただろう。中国語について言えば、かれは日常会話はこなせるものの、漢字の読み書きには不自由を抱え、漢語資料を扱う場合には、常に中国人アシスタントの助力を必要とした。

だが、スノーにはそれまでの取材と交流、支援を通じてかち得てきた特別に太い人脈があった。一九三四年に最初のルポ『極東戦線（*Far Eastern Front*）』を発表したころから、かれは日本の対中政策に批判的だったが、その後にいわゆる華北分離工作が本格化し、それへの反対運動が北平・天津で巻き起こると、かれは妻と共に学生たちの抗日救国運動を全面的に支援し、一九三五年の一二・九運動の発生にもコミットしていた。かれ自身は、いわゆる左翼的党派人（共産党員）ではなかったが、むしろそれが公正で誠実な行動派ジャーナリストという信頼感をいだかせ、共産党系の中国学生や青年からも好感をもって迎えられたのであった。かれの陝北取材の意向を直接、間接に共産党組織に伝達してくれたのは、救国運動で追われたさいにスノーがかくまってやった左派系の学生たちである。

加えてかれは、魯迅や宋慶齢といった名士とも、余人では持ち得ない強い信頼関係を構築していた。とりわけ宋慶齢に対しては、伝記執筆を前提に何度かインタビューを行っており、彼女を通じて中国を知るとともに、大きな影響を受けてもいた。その詳細はいまだ公表されていないが、スノーの陝北行きには、実質的に限りなく共産党の秘密党員に近かった宋の仲介、後押しがあったことは間違いない。彼女にしても、共産党に並々ならぬ関心と親近感を持ちながら、左翼的党派人ではないというスノーのスタンスは、むしろ望ましいものだったと言えるだろう。そのスタンスは結果として、『赤い星』でのかれの著述を信頼性と魅力に富むものにすることにつながった。

以上にあげた時間的、空間的、人間的の三要素が絶妙に絡み合うことによって、スノーの取材行は、それ自体が歴史的事象と呼べるほどの大成功になったと言ってよいだろう。『赤い星』は、あの時、あの場所で、エドガー・スノーという人物でなければ、生み出すことのできない作品であった。

第二節　同行者と仲介者──ハテム、馮雪峰、劉鼎

スノーには同行者がいた

『赤い星』の書きぶりもあって、スノーは一人で「赤い中国」へ乗り込んだと思っている人が多いが、それは正しくない。かれが陝北の中共根拠地に潜入した時、もう一人の外国人同行者として、ジョージ・ハテム（George Hatem, 1910-88　**図60**）がいたことは、長らく秘密にされていた。上海在住のレバ

ノン系アメリカ人医師のハテムは、スノーが取材を終えて帰ったあとも「赤い中国」に留まり、そのまま中国共産党員（中国名：馬《ば》海《かい》徳《とく》）となって、人民共和国の衛生医療に生涯を捧げることになるが、自分が同道した事情を公表しないよう、スノーに依頼したからである。ジャーナリストならともかく、外国人の青年医師がみずから志願して「赤匪」の仲間入りをしたと知れては、縁者や関係者に累が及ぶのは目に見えていた。ハテムが同行していたことは、スノーの一九六〇年の訪中後に書かれた『今日の中国』（一九六二年刊）でようやく明らかにされ、その後ハテム自身も回想録でそれを認めた。

スノーとハテムの陝北行については、かれらが偶然の同行者だったのか、あるいはどちらかが潜入の主導者だったのか、二人の見解は分かれている。スノーによれば、ハテムとは一九三六年六月に西安のホテルではじめて出会い、ともに事前に指定された共産党側の使者（王牧師）の来訪を待ったということになっている。六月といえば、二度目のトライの時ということになろう。ただし、二人の関係についてのスノーの説明は、ここでも曖昧模糊としている。

図60　ジョージ・ハテム

一方、ハテムはスノーにはじめて出会ったのは、一九三六年六月に西安に向かう途中の鄭州駅だったと述べる一方、別の回想では上海ですでにスノーに会っていたと述べるなど、記憶に大きなブレがある。また、ハテムはその前の三月に一度陝北潜入を試みて不首尾に終わったと語っているが、そこにはスノーは登場しない。このほか、スノーと自身が選ばれた理由についても、共産党に関わっていないスノーよりも、上海の宋慶齢の周辺で共産党の活動に協力していた自分の方が信頼されていたはずで、医薬品の入った自分の荷物の底には、中共中央に届ける秘密文書が入っていたとも記している。また、スノーの報道や回想について、ハテムは、「〔スノーは〕面白くするために、しばしば物語を大げさにした。……必ずしも正確ではないが、悪意はないので、私たちは大目に見てきた」という。

つまりは、事前の共産党との接触経緯をつとめて曖昧にしようとするスノーと、自分の貢献を訴えたいハテムの証言を比較検討しても、せいぜい宋慶齢あたりが二人の潜入にかなり便宜をはかったことがうかがえるだけで、それ以上のことはよくわからないのである。恐らくは、かれら二人も、当事者ではありながら、自分たちが如何なるチャンネル・人脈の中で手引きされているのか、正確には把握していなかったのではなかろうか。

いずれにせよ、陝北に残ったハテムは、単に医療活動に従事するだけではなく、スノーの帰還後しばらくの間、陝北から随時北平のスノーに情報を送る取材協力者となった。紅軍とともに行軍する自らの日記やスノーの取材記事にたいする共産党側の注文や訂正要求などをハテムが送っていたことが確認できる。また、一九三六年十二月の西安事変勃発直後の共産党の対応も、ハテムを通じてスノーに伝達されており、スノーの事変報道や評価に一定の影響を与えたと考えられる。

スノーを運ぶ

スノーとハテムが詳しい経緯も知らぬまま運ばれる「洋客」であり、その潜入を認めたホストが中共中央だったとするならば、その間に立って事を運んだのが、上海の共産党連絡員の馮雪峰と劉鼎《りゅうてい》だった。馮は先に述べたとおり、陝北で態勢を整えた中共中央が一九三六年四月ごろに上海に派遣してきた幹部級連絡員である。これに対して劉鼎（一九〇三〜八六　図61）は、共産党が統一戦線工作のターゲット張学良のもとに送り込んだ連絡員であり、また同時に上海―西安―陝北間の物資の秘密輸送を担当していた人物、いわばロジスティックスの責任者である。この劉も、当時の任務の性質ゆえ、スノーの『赤い星』には登場しないが、具体的にスノーの陝北往還の手配をしたのはかれだった。

図61　劉鼎

劉の回想によれば、スノーとハテムは当初、一九三六年三月末に西安に到着、劉が西安からかれらを手引きして陝北へ潜入させる手はずだった。だがその直後にセッティングされた張学良と周恩来の秘密会談（四月九日夜、延安）に陪席するため、劉が急遽西安を離れざるを得なくなり、そのために連絡係を失ってしまった二人の外国人は、数日待ったのち、空しく西安を引き上げたのだった。これが『赤い星』には書かれていない一回目の不首尾に終わった試みである。ちなみに、そのとばっちりでスノーらが潜入のタイミングを失することになった張学良と周恩来の極秘会談によって、張と共産党の協力体制はより強化され、停戦状態にある両軍の間の輸送・通信は、それまで以上に密接となった。結果として、そのおかげでスノーらの二度目の潜入は上首尾に運んだのだから、まさに禍福はあざなえる縄の如しである。

そんな事情をスノーたちは知るよしもなかっただろうが、かれらは最初の失敗にめげなかった。いったん上海にもどったかれらは、宋慶齢らを通じて再度取材の要望を伝えた。かれらにとって幸いだったのは、一方で極秘会談を終えて周恩来と瓦窰堡《がようほ》（陝北の中共中央所在地）に赴いた劉鼎が、スノーらの訪問希望を四月十三日に党中央に報告してくれたこと、他方で馮雪峰が四月末に上海にやってきたことである。つまり、最初の潜入失敗の直後に、陝北と上海の連絡体制がようやく整ってきたのだった。そしてまさにこの時期、スノーらの陝北行きに関連する共産党側の記録がようやく現れることになる。

共産党側の記録

まずは、中共中央政治局の五月十五日の会議記録である。この日の議事録に外国人記者からの書面質問状（共産党の基本的対外政策）にどう回答するかについての議論が出てくる。議事録には、質問状をよこした記者の名前は記されていないが、その質問状の内容は、後にスノーが現地で行ったインタビューと見事に重なる。その「外国人記者」がスノーにほかならないこと、つまりは、遅くともこの時期までには、スノー自身の取材希望が確実に毛らのもとに伝達されており、中共中央がそれへの対応を真剣に検討していたことが確認できるのである。

スノーらの二回目の潜入経緯をうかがわせるもう一つの重要資料が、五月二十八日付けで馮雪峰が陝北の中共中央宛てに執筆した長文の報告書である。これは、様々な密命を帯びて派遣された馮が上海から送った最初の報告だが、その中でかれは、ハテムとスノーの名前を挙げて、かれらの訪問予定を伝え、その受け入れ準備をするよう要請していた。関連部分は以下の通りである。

前回〔中共地区に〕入ろうとした外国人医師はどうしても入りたがっており、すでにそちらへ向かおうとしています。名をS. G. Hatemと言います。このほか、Edgar Snowというアメリカの記者も行くことになっていますが、かれは参観目的で、三カ月後に〔中共地区から〕出ることになっています。かれら二人はともに非常に熱意があり信頼できます。特に医師の方は、三、四百元分の薬を買いそろえて、それを持参することになっています。……この書簡を受けとったら、ただちに延安に人を遣わしてこの二人の外国人（Hatem とSnow）を迎えに来てください。かれらは六月三日に上海を発ちますので、六月十三日か十四日には、間違いなく延安に到着する見込みです。

この報告書からいくつか大事なことがわかる。まず、ハテム、スノーともに信頼の置ける人物と評価されているが、スノーの訪問が三カ月の「参観」、つまり期限のある視察、取材であるのに対し、以前から共産党区入りを希望していたハテムの方は、どうも中共の活動に身を投じたいというような、より強い熱意――その証しが多額の医薬品――を示していたと思われることである。スノーの取材期間については、かれ自身は『赤い星』の中で、潜入して真っ先に面会した周恩来が九十二日分の取材スケジュールを提案してくれたこと、すなわち共産党側の度量の大きさに驚いたむねを記しているが、この報告書によれば、それくらいの長さの取材は、スノーの方から事前に求めていたらしい。また、この報告が事実を伝えているとすれば、スノーとハテムは上海から同道したことになる。

他方で、馮の報告には不可解な点も残る。まずハテムについては、確かに前から陝北入りを希望していたということが裏づけられるが、スノーに関しては——前述のように、劉鼎らの語るところによれば、スノーも以前に一度潜入に失敗しているのだが——必ずしもそのようには書かれていないという点である。また、スノーは取材希望（質問事項）をこれ以前に中共中央に提出しているのに、馮はそうしたことについて、関知している様子がない。交通手段の手配などで、劉の介在もあったに違いないが、それもこの報告書からはうかがわれない。

むろん、馮は上海に来たばかりだったから、単にそれまでのいきさつを知らずに、最初の報告書を書いたということなのかもしれない。より詳しく知りたいが、この報告書は一部が公表されているのみである。すなわち、上記の引用文に見える省略箇所（……）は、公表時点ですでに伏せられていたものなのである。熱心なハテムの方は「薬を買いそろえて、持参することになっている」に続くわけだから、文脈から推測すれば、スノーに関する事柄が書いてあると考えるのが自然だろう。

そこで筆者は、『劉鼎伝』でこの報告書を引用した中共中央文献研究室の専門家に、省略箇所を問い合わせてみたが、その専門家にしても、党の文書館で全文を見ることはできなかったということであった。この部分が公表されないことには、馮がスノーとハテムをどう見ていたのかを、正確に知ることはできないし、さらに言えば、スノーを受け入れるにあたって、今日でも公表を憚られるような事情があったのかと勘ぐりたくもなる。この秘密報告書には、恐らくは毛の息子たちをモスクワに送り出す件についても書かれているはずだから、全文を公開できないのには、そうした事情もあるのかも知れない。ここは、馮の秘密報告書の全文公開の日が、遠からず訪れることを期待しよう。

第三節　届かなかった荷物——劉鼎と「魯迅のハム」

スノーを支える

馮雪峰に送り出されたスノーらを西安で迎えたのが劉鼎であった。六月十二日、西安の劉は陝北の周恩来に宛ててスノーらの到着を告げ、間もなく陝北へ向かわせると報告している。だが、その直後に中共中央が緊急移転（瓦窰堡から保安《ほあん》へ）するなどの混乱があったため、スノーらの入境は遅れに遅れた。延安（当時は張学良軍が駐留）から徒歩で入った境界地帯で、本物の匪賊に襲われかけるような目にあったのち、スノーらが迎えに出てきてくれた周恩来と安塞《あんさい》県の小村で対面したのは、それから一カ月近くもたった七月九日のことだった。周恩来はかれらのために、前日に現地入りしてくれていた。

スノーらの訪問は、保安の町の住人には事前に通知されたようで、到着予定日だった七月十二日には朝から大勢の人が街頭に出て、終日二人の「洋人」の到着を待った。街路はスノーらの来訪を前にきれいに掃除されていたが、結局その日二人は現れず、到着は翌十三日となった。そして当日、二人は小さな保安には不似合いなほどの大勢の人々の注視の中、町に入った。その後にスノーが見たことは、『赤い星』に書いてある通りである。

共産党の連絡員・劉鼎はその後、同じくジャーナリストで、秋に夫を追って西安にやって来たスノー夫人の陝北潜入を斡旋したり（ただし、その時は条件が整わなかったため実現せず）、スノーが取材を終えて「赤い中国」を離れる際には、再び交通手段を確保してその脱出を助けたりと、まさにスノーの取材成功の陰の立役者であった。

取材協力者たる劉鼎と馮雪峰の名が、『赤い星』の初期の版に登場しないのは当然としても、その後もスノーがかれらの名前を出さなかったのは、ひとえに劉・馮の人民共和国での境遇――後述するように、『赤い星』は人民共和国では半ば禁書扱いを受けていた――をおもんばかってのことだったと推測される。馮は新中国の文芸界において、当初こそ中国作家協会副主席、人民文学出版社社長などの要職を歴任したものの、その後の相次ぐ文芸迫害の中で、右派、叛徒（裏切り者）とされたのであった。名誉回復されたのは、スノーも馮自身もすでに世を去った後の一九七九年のことである。

一方、劉鼎も一九五三年に、突如理由のハッキリしない処分（第二機械部副部長解任、二年の留党察看処分）を受け、やがて文革が起こると、様々な過去の経歴を指弾され、ついに七年にわたって投獄される憂き目にあった。むろん、スノーとて人民共和国での劉の境遇に、決して無関心であったわけではない。文革中の一九七〇年に訪中したスノーは、周恩来と一九三六年の思い出話をしたさいに、劉は今どうしているのか尋ねたが、周は何も答えなかった。その無言の答えの意味を、スノーはただちに察したに違いない。このような状況の中、スノーが一九三六年の劉に言及することは、何らかれのためになることではなかった。劉は一九七五年に監獄を出たあと、特に改革・開放の時期には、いくつか回想録を書いているが、スノーの陝北潜入を助けたことを積極的に公言することはなかったようである。

スノーの偉業を称えることがプラスの意味を持つような時代になっても、劉が自身の功績を公言しなかったのは、長年こうした裏方の仕事をしてきた者に特有の寡黙さ・謙虚さのせいばかりではなかろう。かれにとっては、当時差配してスノーらと一緒に輸送したものに「魯迅のハム」があり、それが届かなかったことの負い目があったはずだからである。ハムと言っても、中国の伝統食品でお祝いの贈答によく使われる高級な「金華ハム（金華火腿）」のことであるが、たかが「ハム」と笑ってはならない。このハムの一件は、魯迅が果たして共産党をどこまで支持していたかという、魯迅にとっても、共産党にとっても極めて重大な問題につながるからである。以下、やや脱線気味になるが、スノーと共に運ばれたもう一つのプライスレスな贈り物の物語を紹介しておこう。

届かなかった「魯迅のハム」

晩年の魯迅が共産党と近い関係にあったことは、ほぼ間違いない。上海に派遣されるさい、馮雪峰は党首脳にまず魯迅に連絡をとるよう指示されているし、魯迅自身も旧知の馮に信頼を寄せていた（図62）。だが、その一方で、政治路線の変更を文化・文芸政策にも杓子定規に当てはめようとする共産党の強引

図62　魯迅の一家と馮雪峰（前列左）の家族　1931年撮影

な姿勢に、魯迅は何の反発も感じなかったわけではないらしい。そんな魯迅が、長征の完遂を祝って陝北の共産党指導者たちに贈ったと言われているのが、いわゆる「魯迅のハム」である。もし魯迅が本当にハムを送ったのであれば、それは中国文学界最大の巨匠にして、中国知識界の良心の化身が共産党を支持していたことを明確に示す物証となるが、一九三六年夏にスノーらと一緒に送ったはずのハムが途中で消えるという事態になってしまったのである。そんなとんでもない事態を招いた責任者だと言われているのが、ロジスティックス担当の劉鼎だった。

当時、魯迅は末期の肺結核で病床に伏し、数カ月後にはこの世を去る運命である。むろん、自分でハムを買って送ることなどできないから、魯迅の意を受けた人が代わりにやったということになる。それが馮雪峰だった。馮は同じ頃、共産党の見解に沿った「トロツキー派に答える書簡」を魯迅に代わって執筆し、魯迅の名で発表していた。中国のトロツキストを売国奴よばわりするその書簡が、どの程度まで魯迅の意を体するものだったか、あるいはそれの発表に病床の大文豪が本当に同意していたかについては、今でも議論が分かれる。いずれにせよ、魯迅の信任をそれなりに得ていた馮は、同様に魯迅の意を受けて共産党の指導者にハムを送ったのに、それが届かなかったのだった。

先に紹介した馮の五月二十八日付けの党中央あて報告書には、魯迅に託された贈り物として、党の指導者八人に八個のハムを、スノーたち外国人一行に持たせて送るということが確かに記されているから、ハムは恐らくスノーらと共に西安に向かったのだろう。なぜ途中で消えてしまったのか。事の真相は確かめようもないが、当然に怪しまれるのは、劉であった。現に、ハム不着の事実を知って驚いた馮は、ハムを送り直すのに合わせて報告書を共産党指導者に送ったが、その中で輸送工作にあたる劉が西安あたりで勝手に物資を留め置いていることを指摘し、魯迅のハムもそのせいで届かなかったと非難しているのである。後になると馮は、ハムは途中で劉らによって猫ババされたのだとまで言うようになる。

結局、馮は改めて魯迅の名義でハムを送り直したものの、それを受けとった陝北の共産党指導者が受領の挨拶を送ろうとした時には、魯迅はもはやこの世の人ではなかった。考えようによっては、スノーよりももっと大きな政治的価値を持つ「魯迅のハム」を届けなかった責任は――特に魯迅・毛沢東が共に神聖視されていた一九六〇～七〇年代であれば――それこそ万死に値したであろう。劉がスノーの潜入を手引きしたことを回想録などで振り返れば、この疑惑にも何らかの言及・弁明をせざるを得まい。それは劉にとって気の進まないことだったに違いない。

第四節　妻ヘレン・フォスター（ニム・ウェールズ）の貢献

スノーの協力者たち

スノーの取材を実現させ、『赤い星』を世に出すのに陰で功あった者、その貢献を特記しなければならない者は、馮雪峰、劉鼎のほかにもなお多い。本書でもたびたび触れた宋慶齢、そして西安に到着したスノーらの前に現れた英語を操る「王牧師」(Pastor Wang) などはその代表である。ただし、『赤い星』において、馮雪峰、劉鼎、宋慶齢の名が出ることは基本的になく、潜入を手引きする秘密連絡員として登場するのは、「王牧師」ただ一人で、スノーは「一時国民党の高官をしていたことがある」この謎の牧師について、一九三八年時点でも「かれの本名を明かすことは今もってできない」と述べていた。ただし、秘密めかしたこの記述とはうらはらに、実はスノー自身も「王牧師」の素性を知らず、それが一体だれであったのか、長らく気にかけていたようである。残念ながら、スノーは最後まで「王牧師」の本当の名前を知らずにこの世を去ってしまったが、すでに毛の子供たちの救援、ヨーロッパ行きのことを紹介した前章第六節で言及したように、この「王牧師」は宋慶齢の元にも出入りしていた中共秘密党員の董健吾であった。

スノーの『赤い星』は、その書物としての影響力の大きさゆえ、さらには同書の描いた対象物がその後に大きく成長し、かつ変貌したため、著者は言うに及ばず、取材や書物にかかわった多くの者の運命を変えた。先に触れた馮雪峰、劉鼎しかり、宋慶齢、あるいはこの董健吾またしかりである。宋慶齢の役割については、人民共和国での彼女の境遇と関わる点も多いので、次節での説明に回すこととし、ここではスノーの取材と執筆に誰よりも大きな貢献をした当時の伴侶ニム・ウェールズこと、ヘレン・フォスター・スノー（一九〇七～九七　**図63**）の役割について取りあげ、あわせて『赤い星』は毛沢東の検閲を受けていたという説について、吟味することにしよう。なお、彼女の呼称は以下、基本的にウェールズとする。

ウェールズの協力

エドガー・スノーと一九三二年に結婚したヘレン・フォスターは、かねてよりジャーナリストを志し、結婚後はスノーの中国報道におけるパートナーでもあった。彼女は、スノー帰還後の一九三七年春に、今度は自分が陝北の中共支配地域に入り、以後四カ月にわたって精力的に取材を行った。その取材にもとづき、ウェールズの名で発表したルポルタージュ『中国革命の内部』（*Inside Red China*, 中国語版タイトル『続西行漫記』）や『アリランの歌』（*The Song of Ariran*）は、これまたルポルタージュの傑作として日本語版も出ている。また、彼女の生涯についても、自伝（『中国に賭けた青春――エドガー・スノウとともに』）だけでなく、詳しい伝記も刊行されている。『赤

図63　陝北取材当時のニム・ウェールズ

い星』執筆に対するウェールズの貢献は、北平で原稿執筆を進めるスノーに宛てて、取材先の陝北から写真をはじめとする追加資料を送ったこと、共産党関係者からの修正要求などを取り次いだことである。『赤い星』の収録写真を例にとれば、一九三七年のイギリス版初版では十六点中五点が、写真の多い一九三八年アメリカ版でいえば、実に六十一点中十二点がウェールズの撮影になるものである。スノーも彼女の取材活動を尊重し、それら写真のキャプションに彼女のクレジットを忘れずに付けている。ウェールズが撮った写真や書簡は、折々に共産党の伝書使、あるいは中共地区への外国人短期訪問者（例えば、オーエン・ラティモア（一九三七年六月訪問））を通して、北平のスノーのもとへ届けられた。スノーがドラマチックな潜入取材を成功させたことが呼び水となり、特に一九三六年十二月の西安事変ののちに中共中央が延安に移駐すると、内外のジャーナリストが「赤い星」目当てに、次々に訪れるようになったのである。果ては、西安から自動車をチャーターして数時間だけ「赤い中国」に滞在するという小冒険を試みる不届きな外国人も出る始末であった。

それはさておき、スノーが取材を終えて北平にもどったのが一九三六年十月末、『赤い星』を脱稿したのが翌年七月末だから、執筆には九カ月もの時間を要したということになる。実はその九カ月の間、西安事変をはじめとして、共産党をとりまく政治環境は激変の連続であった。それゆえ、最新の情報が陝北のウェールズからスノーのもとに届けられることによって、スノーは自らの取材内容のうち、時事問題に関する共産党の見解をアップデートして執筆することができた。『赤い星』初期の版の献辞に「To NYM」（ニムに捧ぐ）とあるのは、そうした彼女の協力への感謝を表したものにほかならない。

ただし、彼女がスノーに送ったさまざまな情報については、単にそれをジャーナリストのパートナー同士の協力の美談として紹介するだけでは済まない内容が含まれている。すなわち、彼女がスノーに取り次いだ情報の中には、共産党関係者からの執筆修正の求めが混じっていたのであって、それについては彼女の貢献を認めるついでに、ここで一言しておかなければならないであろう。それは、共産党幹部による取材後の修正要求があったため、スノーは不本意にも筆を曲げたのかというジャーナリストの姿勢にかかわる問題であると同時に、『赤い星』の信憑性にも直結する問題だからである。

第五節　『赤い星』は毛沢東の検閲を受けたものだったのか

ユン・チアンの『マオ』

『中国の赤い星』の原稿が毛沢東らの検閲を受けて、修正させられていたという説を主張しているのは、奇書『マオ――誰も知らなかった毛沢東』で世を騒がせたユン・チアン（張戎）氏である。まっとうな歴史家なら、こじつけだらけの『マオ』など、まずまともに相手にしない。だが、毛を冷酷な独裁者として描くその執拗な筆遣いには、一種の魔力があると見える。あるいは、検証しようのない「陰謀」や、もっともらしい「秘密資料」をちらつかせるだけで、人は簡単に心服してしまうらしく、今日でも不思議なほど人気を博している。

毛の名声確立の最大の功労者たる『赤い星』の成り立ちについて、『マオ』はこう述べる。

毛沢東は、貴重な情報とまったくの虚構をないまぜにしてスノーに聞かせた。スノーはこれをそっくりそのまま呑み込んで毛沢東と中国共産党指導部を「率直で腹蔵なく、気取らず、潔い」と評した。……多くの人がこれに完全にだまされた。毛沢東はさらに用心のため、スノーがその後に書いたものをすべてチェックし、訂正や書き直しの筆を入れた。……『中国の赤い星』の中で、スノーはこうした背景には言及せず、逆に、毛沢東は「わたしに対して一度も検閲をおこなったことがない」と書いている。

つまり、スノーは毛のイメージ作戦にコロッとだまされたばかりか、ジャーナリストとしてあるまじき検閲さえも受け入れたのだというわけである。さらには、検閲の事実を隠していたというのだから、これが真実であるならば、『赤い星』の価値は、同書執筆の段階にさかのぼって、大いに減ずることになろう。現に日本でも、『マオ』の真贋を見極められないライター、ジャーナリストたちが、その独特の解釈や論法を鵜呑みにして、『赤い星』は毛によってチェックされた本で、スノーは毛にはめられた、利用されたのだとしたり顔で解説している。

スノーの中国語

スノーは、確かにインタビュー記録を毛にチェックしてもらっていた。ただし、そうしたチェックがあったことをハッキリと書中で断っていることも指摘しておかねばなるまい。なぜ、チェックしてもらうのか。毛へのインタビューは、すべて通訳を介してなされたためである。前にも書いたが、スノーの中国語は日常会話を何とかこなす程度で、湖南なまりのきつい毛の言葉を聞き取るのは、無理な話だった。漢字の読み書きも不自由だったから、書いてもらったところで、どうにもならない。

必然的に、大事な聞き取りはすべて通訳（毛らとのインタビューのさいに通訳を担当したのは、党の幹部の呉亮平《ごりょうへい》（当時、党宣伝部副部長））を介し、それをスノーが記録するという手順になった。それゆえ、発言記録の正確を期すため、スノーは書き留めた英文を中国語に翻訳してもらった上で、毛本人に確認してもらっていたのだった。そのことは『赤い星』では、次のように書かれている。

わたしは、質問にたいする毛沢東の回答を、（通訳の訳すとおりに）細大もらさず英語で書き、それが今度は中国語に翻訳され、毛はそれに訂正を加えた。かれは細かい点に至るまで正確を期すことで有名である。

毛が「細かい点に至るまで正確を期す」ために取材メモのチェックを求めたことは、インタビュー内容の多くが共産党の基本政策というセンシティブなものであれば、当然だったろうし、またスノーの側も自身が書き留めた内容に間違いがないか、取材段階で毛本人に確認してもらうことは、言語をまたがる取材をしている以上、当然のことである。普通はこれを検閲とは呼ぶまい。さらに言えば、『赤い星』のうち、通訳を介した取材記録については、こうしたチェックがあったことは疑いないが、スノー自身の観察記の部分、つまり『赤い星』の半分以上は、スノーが北平にもどってから執筆したもので、それら英文原稿を共産党側が出版前にチェックすることは、不可能であった。

もっとも、毛の側に、書き上がった会見記録を公表前に検閲する考えが全くなかったかと言えば、そうとも言えない。すなわち、スノーにたいして、「一、二度毛沢東は、共産党地区滞在中に会見談を書きあげてくれといった」らしいからである。ただし、この申し入れに対してスノーは、そうした形の執筆では、出版社や読者の信頼を得られないとして、北平帰還後の執筆を主張、最終的には毛もそれに同意したという。いわば、スノーはジャーナリストとしての筋を通したのだった。このほか、毛の自伝部分についても、本来毛は三人称の語り（つまり伝記体）にして公表するよう要望したが、『赤い星』では一人称の語り（つまり自伝）のままになっている。むろん、自伝スタイルの方がリアリティが増すからだが、スノーはそれに関しては毛の同意を得ていなかったことを後に明かしている。

中共幹部の記事取りさげ要求

毛らがスノーの原稿に「訂正や書き直しの筆を入れた」証左として、『マオ』の掲げるもう一つの根拠が、一九三七年七月二十六日付けで北平のスノーが延安のウェールズに宛てた書簡である。すなわち、日中戦争の戦火が迫る中、ようやく『赤い星』をほぼ書きあげたスノーは、間際になって内容削除を求める共産党関係者からのことづてを伝えてきたウェールズにたいして、「わたしに話したことを取り消したいという〔共産党の〕人たちに関するメモは、もうこれ以上送ってこないでほしい。……この調子では、削除ばかりでチャイルド・ハロルドみたいになってしまいそうだ」と不満をもらしたのである。書簡に出てくる「チャイルド・ハロルド」とは、イギリスの詩人バイロンの長詩紀行『チャイルド・ハロルドの巡礼』を指している。インタビュー部分がどんどん削られると、スノー自身の旅行記ばかりになってしまうことを皮肉ったものであろう。

この書簡は、ウェールズが後年、延安で行った取材記録をまとめて刊行した『延安ノート』に、確かに収められているものである。* 文面からも明らかなように、一九三六年にスノーの取材に応じた共産党関係者のうち何人かは、事後になってスノーに取材記事の公表を見合わせるよう求めていた。具体的に特定できるのは、周恩来と陳賡《ちんこう》である。取材で語った自伝を公表しないよう依頼する二人のことづては、延安のウェールズを通して、原稿執筆中のスノーに伝えられた。

なぜ公表を見合わせなければならないのか。すべては一九三六年夏秋の取材の時点と一九三七年夏とでは、中国政治、とりわけ国共関係をとりまく状況が一変してしまったことに起因する。周恩来、陳賡はいずれも蒋介石と浅からぬ因縁を持っていた。周は第一次国共合作時期に黄埔軍官学校で政治部主任として蒋校長に親しく仕えたことがあった。また、陳も同じ時期に蒋に侍衛参謀として仕え、戦場で蒋の命を救ったことがあり、のちの国共抗争時期に逮捕されたものの、かつての恩義のせいか、処刑を免

* Nym Wales, *My Yenan Notebooks*, Helen F. Snow, 1961, p. 166. ただし、ウェールズはこの書簡にかんして、実際には延安にいる自分には届かなかったし、読んだ覚えもないという注を付している。

れて脱獄できた（蔣が暗にそれを許したという含み）という奇縁を結んでいた。

かれらはスノーの取材に対し、蔣の威厳を損なうような揶揄を含めて、比較的自由に語ることができたが、そうした一九三六年の状況は、西安事変後に国共合作に向けた交渉が本格化するようになると、大きく変わってしまうことになったのである。一九三七年春夏ともなれば、共産党幹部による蔣や国民党への配慮を欠いたもの言いは、統一戦線を破壊するという意味で、御法度であった。それゆえに周と陳は、一年前に話した内容がそのまま記事になることを、何としても防ごうとしたのである。

スノーにこうした要請を伝達するさい、ウェールズはその要請に真剣に対処するよう助言し、スノーも事情をくみ取って削除要求に応じた。周について言えば、スノーはこれに先立ち、その年の三月九日にロンドンの『ディリー・ヘラルド』に取材記録の一部として周の略伝を先行発表しており、その記事では、蔣介石は周の影響力の大きさに鑑みて、かれを黄埔軍校から追放することができなかったと書かれていたが、そうした蔣介石がらみの記述は『赤い星』には見えない。一方、蔣と命を救い合った陳の伝は、本来は『赤い星』の一章を構成する予定だったらしいが、入稿直前に撤回され、結局は一九五七年に出版されたスノーの取材記録『中共雑記』に収録されるまで、その奇譚は秘せられることとなったのである。

ルポルタージュと検閲

こうした当時の経緯や時代背景を無視し、スノーが共産党側関係者の不掲載要請を受け入れたこと一事を取りあげ、『赤い星』は毛に「検閲」されていたとする『マオ』の論法は、同書のほかの記述スタイルと同様、こじつけ以外の何ものでもない。実際には、北平帰還後の一九三六年十二月に、ハテムを通じて毛からインタビュー記録（十一月に『チャイナ・ウィークリー・レビュー』に発表したもの）の文言の修正・削除を求められたさい、スノーはそれを無視することすらあったのである。この点、スノーは、いったん公表したものは、仮に取材対象から要請があっても修正に応じないという意味で、むしろジャーナリストの精神を貫き通したと言えるであろう。

他方、『マオ』のそもそもの論評、すなわち要約すれば、「毛は用意周到に都合のよい情報だけをスノーに提供したが、お人好しのアメリカ人ジャーナリストはプロパガンダを真に受け、共産党のお先棒を担ぐような『赤い星』を執筆、毛の計略にまんまとはまった結果、多くの人がだまされた」は、見方によっては、当たっていると言えなくもない。ただし、その見方が受け入れられるのは、毛が正直に話をしなかったのは倫理的に問題だとする価値観の世界においてだけである。

歴史学においては、またはジャーナリズムの世界でも、毛が正直だったか否かは、通常問題にならない。取材される側の底意を見抜けず、不正確な、あるいは偏向した報道をしてしまい、後になって「だまされた」と文句を言ったところで、それはジャーナリストの側の未熟を証明するだけで、その取材者に対して、都合のよい情報だけを提供した側が責められるいわれはないからである。多くの場合、取材された側は、むしろ巧みな広報戦略を発揮したとして、評価されるであろう。

スノーの再婚相手であるルイス・ウィーラー（スノーは一九四九年にウェールズと離婚）は、二〇〇六年に日本人ジャーナリストの電話取材に対して、一九七〇年に訪中したスノーが文化大革命をはじめとする中国の状況に戸惑い、『赤い星』で描いた革命の将来が現実によって裏切られたことに「すっかり傷心していた」と答えたらしい。スノーが最後の訪中の時点で、中国の現状にある種の不満、幻滅を感じていたこと、またそれを毛に伝えていたことは確かである。そうした電話取材と『マオ』を膨らませて書かれたかの日本人ジャーナリストの文章(『諸君』二〇〇六年六月号)の表題では、「夫、エドガー・スノーは毛沢東に騙されていた」と「スノー未亡人」が「激白」したことになっているのだが、「スノー未亡人」はいざ知らず、スノー自身が、『赤い星』を書いたときの自分は、毛や共産党にだまされていたのだと認めたことはないはずである。それを認めることは、『赤い星』の価値はもとより、おのれのジャーナリストとしての生涯も誇りも、全て否定することにほかならないからである。

『赤い星』にだまされた?

では、スノーの『赤い星』を読み、そこに書いてあることは真実だと考えた多くの読者には、「自分は『赤い星』にだまされた」と言ってスノーを責める権利はあるか。およそ書物には本当のことが書いてあるのだ、真実を伝えるのがルポルタージュというものだと信じている人には、そのような奇妙な権利はあるかも知れない。ちょうど、スポーツの試合が終わってから、その試合前に書かれた「対戦展望」を読んで嗤ったり怒ったりする人がいるように。

とまれ、スノーはウェールズをはじめとする多くの人の助けを借りて、破天荒な取材をやり遂げた。

三カ月におよぶ取材を終えたスノーは、親しくなった「赤匪」の友人に、カメラと余ったフィルムを贈り、何か面白いものが撮れたら、北平に送ってくれと言い残して帰途についた。取材期間中に会えなかった朱徳あたりの写真を撮ってくれることを期待したのだろうが、その後にスノーに届けられたのは、のどかに咲く美しい花の写真だったという。美しいものを撮るのが写真というものだというのが、中共党員の素朴な観念だったのだろう。「赤い中国」で三カ月暮らす中で、スノーはそんな連中にすっかり魅せられていた。ジャーナリストが取材の過程で、取材対象に知らず知らず感情や価値観の面で接近してしまうことを、昨今では「ラポール（rapport）」と言い、それが同一化してしまうほど過度になると「オーバー・ラポール（over rapport）」と呼ぶ。スノーの場合、その特殊な取材体験ゆえに、ある種の「ラポール」があったことは否めまい。

共産党の関係者にもスノーに魅せられた者が多くいた。中には、自分のカメラ（むろん、金持ちや地主から没収したものかも知れないが）でそれまで撮った写真や日記を、資料としてスノーに提供した者もいた。共産党の瑞金時代や長征の様子を伝える写真資料は極めて少ないが、今日伝存するものの多くは、この時にスノーが受けとって持ち帰ったものである。

こうしてスノーは、「数ポンドに上る紅軍の雑誌、新聞、文書」など多くの収穫を得て十月十二日に保安の町を離れた。時まさに、一向に共産党討伐にやる気を見せない張学良軍に代わって、蔣介石直属部隊が続々と陝西に集結しつつあった。当時、国民党内の反蔣勢力を完全に一掃した蔣は、残された最後の敵を始末すべく、再び大規模な掃蕩戦を始めようとしていたのである。そうなれば、封鎖線の往来はかなわなくなる。それを懸念した毛は、劉鼎にスノー帰還のための手配を急ぐよう、何度も督促している。帰途のさいには、今やすっかり共産党との協力関係を築いた張学良軍がトラックを用意して、西安までスノーを便乗させてくれた。

その張学良が、督戦のため西安にやってきた蔣介石を武力監禁するという驚天動地の事件、すなわち西安事変が起こったのは十二月十二日未明、スノーが「赤い中国」での取材を終えて二カ月後のことだった。取材記録の整理と執筆に当たっていたスノーは、驚きをもってその知らせに接することになる。

第六章　「赤い星」いよいよ昇る
——名著の誕生とその後

第一節　『赤い星』誕生

記事の先行発表

一九三六年十月二十五日、スノーは北平に帰還、妻ウェールズとの再会を喜び合ったのもつかの間、早速に持ち帰った資料の整理——取材ノートだけでも十六冊に上った——に取りかかった。毛沢東ら「赤匪」の真面目を伝える大事な写真フィルムは、北平随一の評のあったドイツ人経営の写真館に頼んで、現像・プリントした。現像やプリントは、中共地区の保安でも可能だったが、何ものにも代えがたいスクープ写真をそんな田舎町のボロい設備で現像するわけにはいかない。大事をとって、北平にもどって現像・プリントした写真はよく写っていた。スノーはウェールズの助けを借りて写真の整理をし、それらを順次アメリカの出版社と代理人に送った。その後にグラフ雑誌『ライフ』や『赤い星』を飾ることになる写真群である。

北平帰還後、スノーはまだ一文字もルポを書いていないうちから有名人となった。「赤い中国」に入ったまま、行方が知れない、死んだらしいという噂が流れていたかれが、ひょっこり元気に帰ってきたからである。一転して取材される側となったかれは、まず他紙に取材旅行のあらましを話してやらなければならなかった。したがって、かれの共産党にかんする最初の論評は、自身の執筆ではなく、ほかの記者仲間を通じて報じられることになる。管見の及ぶ限りでは、最初にスノーの談話（十月二十九日）を報じたのは、華北の代表的英字日刊紙『北京天津タイムズ（*Peking and Tientsin Times*）』（三十日）だと見られる。ロイターの配信として掲載されたこの記事は、スノーの冒険行と合わせて陝北の共産党の最新動向を伝える第一報となり、スノー自身の記事に先立ってあちこちの新聞、雑誌に転載された。日本でも、『時事新報』や『大阪朝日新聞』が三十一日付でスノーの生還を報じている。

むろん、スノー自身も十一月十四日（および二十一日）に上海の英文誌『チャイナ・ウィークリー・レビュー』に毛のインタビュー記事（共産党の政策について）を写真入りで掲載したのを皮切りに、取材記録の発表を始めた。このほかにも、単行本『中国の赤い星』の初版を刊行するまでの間に、同書の章節に相当する原稿を、特約記者をつとめていたロンドンの『ディリー・ヘラルド』などに部分的に発表している。

記事を小出しに先行発表するのは、何だかもったいないような気もするが、それは当時としては当たり前だったし、スノーにもそうする必要があった。いくらベストセラー間違いなしの特ダネだといっても、それを本にまとめるまでには数カ月はかかる。その間に誰かが共産党の取材をして自分を出し抜くかも知れないという心配は、常にスノーにもあったに違いない。現に、スノーの「赤い中国」からの帰還が知れるや、他のジャーナリストも陝北へと行きはじめた。一九三七年になると、共産党のシンパを自任し、以前から中共地区への一番乗りを目指していた女性ジャーナリストのアグネス・スメドレーやＵＰ通信天津特派員のアール・リーフらが、次々に陝北へ取材に入っていたから、スノーとしては、一冊の本にまとめるまで、取材内容を秘密にしておくなどという悠長なことは、できるはずもなかった。

特ダネ写真

スノー撮影の多数の写真や共産党関係者から提供された写真も、記事と並行してセンセーショナルに発表された。それらを一挙掲載したのが、創刊されて間もないアメリカのグラフ誌『ライフ』で、一九三七年一月二十五日号と二月一日号に分けて、四十枚以上が掲載されている。そのさい、『ライフ』側は掲載に至らなかった分を含め、七十三枚を購入し、一枚につき五十ドルを支払ったという。『ライフ』の購入分は七十五枚、計一千ドルだったという記録や、二十五枚で一千ドルだったという説もある。いずれにせよ、英語版の『赤い星』の本自体の値段が三ドルであったことを思えば、一千ドルがかなりの大金であることが知れよう。ちなみに、『ライフ』はこの半年後にキャパ（Robert Capa）の撮影とされる「崩れ落ちる兵士」*を掲載して、報道写真家キャパを一躍有名にすることになる。写真のイメージ喚起力がジャーナリズムの世界を席巻する時代が来ていた。

一方、『赤い星』のハイライトとなる「毛沢東自伝」は、これも写真付きで、一九三七年七月からアメリカの雑誌『アジア（*Asia*）』に連載された（十月まで）。つまりは、こうした雑誌・新聞への先行掲載によって、『赤い星』刊行を待つまでもなく、スノーの名はジャーナリズム界ですでに相当知れ渡っていたのである。一九三七年末までに発表されたスノーの取材記事（中共地区取材の記事に限定）を掲げると**表2**のようになる。

＊　周知のように、本当に撃たれた瞬間を撮った写真であるかどうか、また撮影したのが本当にキャパ自身なのかについては、長年論争が続いている。

表2 『赤い星』刊行前に発表されたスノーの取材記一覧

発行年月	タイトル	誌紙名、巻号	備考
1936年10月30日	Four Months with China's Red Army / American Journalist's Unusual Experience	*Peking and Tientsin Times*	ロイター記者による北平帰還直後のスノーへのインタビュー記事
1936年11月14, 21日	Interviews with Mao Tse-tung, Communist Leader	*China Weekly Review*, Vol. 78, No. 11-12	毛の肖像写真（図6）を初掲載
1936年11月21日	Edgar Snow Says Original Report of His "Red" Interview Contained Misstatements	*China Weekly Review*, Vol. 78, No. 12	*China Weekly Review* が11月7日号でスノーの談話として発表した記事への抗議、訂正の書簡
1936年12月30-31日, 1937年1月4, 7日, 3月9-11, 17-18日	Truth about Red China	*Daily Herald* (London)	9回連載。3月18日には next: Long March と予告があるも連載なし
1937年1月20日	Red Army Leader Directs Big Campaign — With China's Red Army	*Shanghai Evening Post & Mercury*	主に周恩来へのインタビュー記事で、上記 *Daily Herald* (London) の1937年3月9日の記事と同内容
1937年1月25日, 2月1日	First Pictures of China's Roving Communists / An Army of Fighting Chinese Communists Takes Possession of China's Northwest	*Life*, Vol. 2, No. 4-5	
1937年2月	Direct from the Chinese Red Area	*Asia*	上記 *Peking and Tientsin Times*, 10月30日の記事の一部を転載したもの
1937年2月3-5日	The Reds and the Northwest	*Shanghai Evening Post & Mercury*	
1937年4月15日	Soviet Strong Man: Mao Tse-tung	*Democracy*, No. 1	
1937年7月8日	Life Begins at Fifty	*Democracy*, No. 5	徐特立の伝記
1937年7-10月	The Autobiography of Mao Tse-tung	*Asia*	4回連載
1937年8月	Chinese Communists and World Affairs: An Interview with Mao Tse-tung	*Amerasia*	
1937年8-9月	Soviet China	*New Republic*	4回連載
1937年9月	Soviet Society in Northwest China	*Pacific Affairs*	
1937年10-11月	The Long March	*Asia*	
1937年11月6日	I Went to Red China	*Saturday Evening Post*	

（網掛けは中国国内の英語刊行物であることを示す）

英米版『中国の赤い星』

スノーの取材記録は、こうした雑誌への発表と並行しながら集約・加筆され、盧溝橋事件勃発直後の一九三七年七月下旬ごろに脱稿、幸いスノーのいた北平では大きな戦闘はなかったため、原稿は無事に送り出された。その後、スノーは天津経由で青島、そして上海へと居を移すことになる。かくて『赤い星』はまず、以前よりスノーとの関係が強かったロンドンの左派系出版社ビクター・ゴランツ（Victor Gollancz）から、同年十月に「レフト・ブック・クラブ」版として刊行された。すなわちゴランツ版、あるいはイギリス版の『中国の赤い星』である。ゴランツ版は、表紙に「市販に非ず」の文字があるように、「レフト・ブック・クラブ」の会員向けであった。

次いでその三カ月後、一九三八年一月にアメリカ版の『中国の赤い星』が、ニューヨークの大手出版社ランダム・ハウス（Random House）から正規出版された。実は、スノーは一九三四年三月の時点で、ランダム・ハウスと中国の共産主義運動にかんする本を出版する契約を結び（予定では同年末までに刊行）、七五〇ドルの前払いを受けていた。してみれば、ゴランツ版は同社とスノーとのある種の同志的関係を背景に、便宜的に先行して出した試行版であって、ランダム・ハウス版こそが、出版さるべき本来の英語版であったと考えられる。ただし、ゴランツ版との違いは、写真が大幅に入替・追加されて六十一点になったことぐらいで、構成や内容は変わらない。

写真の充実はランダム・ハウス版の大きな特徴だが、前述したように、スノーが撮った、あるいはかれが共産党関係者から入手した写真は、それよりも早くに、『ライフ』に四十枚以上掲載（譲渡）されていた。『ライフ』に掲載された写真のうち、ランダム・ハウス版にも使われた写真は二十点ほどあるが、奇妙なことに、ゴランツ版には一枚も使用されていない。また、ゴランツ版の写真はランダム・ハウス版に比して、見栄えのしないものがやや目立つ。とりあえずは出しておくという写真の選定である。そうした点から見ても、ランダム・ハウス版こそが正規の『赤い星』であって、イギリスのゴランツ版は、試行版であったらしいということがわかる。

（図5）

（図6）

どのような写真を使うか

写真使用について、もう少し掘り下げてみよう。それは、本書の冒頭で示したスノーの撮影になる二枚の毛の写真（図5、図6）に関することである。スノーが撮った毛の写真といえば、最も有名な写真は図6の方だが、不思議なことに、ゴランツ版もランダム・ハウス版もそれ以降も、英語版『中国の赤い星』では、一貫して図5の写真が使用されている。裏を返せば、スノーは自著単行本の『赤い星』では、一度も図6を使っていないのである（ただし、最初に毛のインタビュー記事を『チャイナ・ウィークリー・レビュー』に発表した時には使っている）。

では、我々はなぜ図6の写真をよく知っているのか。図6は『赤い星』に先立って『ライフ』に掲載され、その写りのよさゆえに、毛の肖像としてあちらこちらに転載されていったからである。それに対して、『赤い星』で使われた図5の方は、表情といい、光線の具合といい、どう見ても素人の撮った野暮ったい村人の写真である。この写真、のちに広まらなかったわけではないが、紅軍帽のそれに比べれば、露出頻度は何百分の一かであろう。

写り具合にこんなに差のある二枚のうち、スノーはどういうわけで野暮ったい方の写真を使ったのだろうか。あるいは、なぜ端正な顔立ちの方を使わなかったのだろうか。いくつかの可能性が考えられる。まずは、写真の所有権・使用権の問題である。先にも紹介したように、図6は高額で『ライフ』に譲渡された写真群の中の一枚であった。その契約がどのようなものだったか、詳しくはわからないが、譲渡したものを使用する場合には、何らかの制限があったとも考えられる。欧米のジャーナリズムの世界では、この種の画像使用（所有）に関する権利意識が強く、スノーが英語圏の雑誌向けに書いた原稿にしても、その独占掲載権をめぐって雑誌社同士が争うということがあった。ただ、それにしても、『ライフ』掲載のものは『赤い星』で一枚も使われていないというわけではないのだから、スノーさえ望めば、自著に自身が撮影したものを掲載することぐらいはできたはずである。

となれば、考えられるのは、写真の選択は使用権云々ではなく、スノーの毛沢東観を表しているという解釈である。すなわち、スノーは『赤い星』の随所で、毛の飾らない人柄やある種の粗野な振る舞いを好ましいものとして描いているわけだから、かれのそうした毛沢東観が写真の選択にも反映されているのだということである。何せ、毛はスノーとの対話の最中に、やおら腰紐をほどいてズボンに手を入れ、ノミを探すような人間だった。スノーはその様子を『赤い星』で描写しているが、そこに悪意は全くなく、逆に親しみを感じさせる筆致である。人前でズボンに手を入れてゴソゴソやる共産党の首領、そんなイメージを伝えるのは、やはり図6ではなく、図5であろう。

第二節　寄せられる称賛と批判

左からの批判

英米でそれぞれ一九三七年十月、一九三八年一月に出版されるや、『赤い星』は果たして大きな反響を呼び、たちまちベストセラーとなった。新聞・雑誌に載った書評も、おおむね極めて高い評価を与えた。スノーの名声の確立である。ただし、多くの称賛の声にまじって、いささか気を滅入らせるような非難の声も届いてきた。反共派からではなく、仲間のはずの左翼からだった。

スノーは中国の学生たちの抗日愛国運動に共感し、社会主義にも理解のあるジャーナリストではあったが、いわゆる左翼的党派人（共産党員）ではなかった。それが『赤い星』を信頼性と魅力に富むものにしていたのだが、ソ連の国益を代弁する傾向のあったコミンテルンに、そしてスターリンの独裁傾向に反発を覚えていたスノーは、微妙なニュアンスながら、書中でそうした不満を表出させていた。それがアメリカ共産党をはじめとする左翼からの批判を招いたのである。アメリカ共産党は、『赤い星』が「トロツキスト」的見解に満ちているとして、当初系列の書店に並べなかった。

トロツキストというレッテル

今でこそ、『赤い星』をトロツキズムと関連づけながら読む者はいないだろうし、そもそも「トロツキスト」「トロツキズム」って何？　と思う方も多いことだろうから、簡単に説明しておこう。「トロツキスト」「トロツキズム」は、いずれもロシア革命の指導者として、レーニンと並び称されたトロツキー（Trotsky）の名から派生した政治用語である。レーニン亡き後、ソ連はスターリンによる共産党独裁が完全に体制化され、自国本位の傾向を強めていくが、それに反対し世界革命への関与継続を訴えたのがトロツキーだった。トロツキーは中国革命の指導を含む多くの問題で、スターリンを批判し、激しい権力闘争の後、敗れて国外に追放された。

しかしながら、スターリンのソ連型社会主義の持つ硬直的な思考様式、権威主義や秘密主義、官僚主義といった悪弊に反発を覚えた共産主義者の中には、トロツキーの主張する永続革命などの考え（トロツキズム）に共鳴する者も少なくなかった。中国でも、党創設期の指導者だった陳独秀は、国民革命での敗北の責任をとらされて更迭されてのち、トロツキーの考えを知るに至り、自分はスターリンによってスケープ・ゴートにされたのだと悟って、中国でのトロツキズム運動へ加わるようになった。

ただし、トロツキストの勢力は、いずれの国でも決して大きくなく、当時の共産主義運動の主流は、あくまでもソ連共産党流の社会主義、それを奉じるコミンテルンと各国共産党であり、その総帥がスターリンである。そうした主流派にしてみれば、共産主義者を名乗りながら、ソ連・コミンテルンのやり方にいちいち難癖をつけるのがトロツキストであった。一九三七年当時でいえば、反ファシズム統一戦線に路線転換したコミンテルンにたいして、トロツキストたちは、「ファシズムと戦うという理屈でブルジョアとも手を組むなど、階級の敵への降伏ではないか」と批判していた。

対するコミンテルンも、マルクス原理主義とも言うべき主張を繰り返すトロツキストを「革命の敵」と見なし、一九三〇年代後半には、統一戦線を破壊してファシストに奉仕する裏切り者、さらには「売国奴」だと糾弾して、各国でトロツキスト狩りを進めていたのである。前章で、中共党員馮雪峰が、スノーの潜入を援助するとの同じ時期に、「トロツキー派に答える書簡」という文章を魯迅に代わって執筆し、一九三六年六月に魯迅名義で発表したことを紹介したが、これも魯迅の権威を使ってトロツキストに売国奴のレッテルを貼ろうとした策略の一環にほかならない。

こうして、コミンテルンやスターリンのやり方に少しでも異議を唱えようものなら、誰彼かまわず「トロツキスト」のレッテルを貼るという風潮が、左翼の世界の至るところで見られるようになった。刷り込み効果とは恐ろしいもので、そのせいで「トロツキスト」という語は、本当にトロツキーの考えを信奉しているかどうかとは無関係に、革命家の仮面をかぶった敵の手先というニュアンスを持たされるようになっていく。

トロツキズムとの間合い

スノーの場合も、自身がトロツキズムを信奉していたというよりも、かれの態度や著述が醸し出す反コミンテルン、反スターリンの傾向、統一戦線論への懐疑的態度（中国の場合は、国民党との合作をどんどん進めてよいのかという懸念）が、コミンテルンの方針に逆らう者＝トロツキストのものだという批判につながったわけである。『赤い星』が出版されたのは、まさにトロツキストの語がその実際から離れて、スターリンへの忠誠度の欠如を示す記号になっていくさなかのことだった。

むろん、スノーやウェールズとて、トロツキズムとの間合いやおのれの立ち位置に無頓着だったわけではない。西安事変後に中共が、コミンテルン・ソ連の方針に従って、国民党（蔣介石）にさらに接近・妥協していくことに危惧を感じたスノーは、すでに北平での『赤い星』の執筆の時点で、折りにふれ、そうした危惧を延安にいる妻のウェールズに書き送っていた。それに対して、ウェールズは、もしスノーがその危惧を『赤い星』で表明するなら、「左よりの考えが軒並みトロツキストと呼ばれる」ような状況下では、「多くの敵を作ってしまう」と忠告している。スノーは、いわばそれを承知しながら『赤い星』を書いたわけである。果たして、『赤い星』の刊行後、ウェールズの懸念は現実のものとなり、コミンテルン路線に対するスノーの懐疑的筆致は、左翼的党派人からトロツキスト的見解の表明と目されたのだった。

不満の声は、中国共産党の幹部からも寄せられた。初版の出版後、一九三八年七月に抗戦下の武漢を訪れたさい、スノーは同地にいた共産党幹部の秦邦憲からも、『赤い星』のコミンテルンと中共の関係を論じた部分について、「あなたの批評は少しきつすぎました。おっしゃったことはすべて真実ですが、ただ問題は、今はこうした事柄に触れてほしくない、ということです」と告げられている。この秦邦憲という人物は、いわゆるソ連留学組だから、コミンテルンとの関係をとりわけ重視する立場からこう苦言を呈したのだろうが、陝北取材時の親しいポーカー仲間でもあった秦の口から出たこの言葉は、スノーにもいささかこたえたのではないだろうか。

毛沢東の『赤い星』評価

他方で、毛は『赤い星』について、自身も統一戦線最優先論（何より国民党との関係を重視せよ）にはいささか承服できないという共通点を持っていたためか、スノーの見解を、そして何より困難を冒して真っ先に取材にやって来たという功績を認めていた。毛は英語原書を読むことなどできなかっただろうが、スノーの報道は一九三七年半ばあたりから翻訳を通じて毛の耳にも入ってきたらしい。毛にとって、スノーの『赤い星』とその妻ウェールズの『中国革命の内部』（一九三九年）は外国人による中国報道の二大傑作であり、満足のいくものであった。くだんのトロツキスト指弾の筆鋒で、辛辣に『赤い星』を批判した左翼系文化人に、ドイツ共産党員だったハンス・シッペという人がいて、わざわざ延安に出向き、『赤い星』の評価を直接に毛にただすということがあったらしいが、その際、毛はスノーを擁護して、そのドイツ人を逆にたしなめたと言われる。もっとも、スノーがそのことを知ったのは、かなり後になってからであった。

かくて、アメリカ共産党をはじめとする左翼陣営から、軒並みトロツキストという批判を浴びたスノーは、半ばそれに折れる形で改訂をすることになった。ミズーリ大学（カンザスシティ校）文書館のスノー文書には、改訂に関連して一九三八年三月にアメリカ共産党の指導者ブラウダーに宛てたスノーの

And finally, of course, the political ideology, tactical line, and theoretical leadership of the Chinese Communists have been under the close guidance, if not positive detailed direction, of the Communist International, which during the past decade has become virtually a bureau of the Russian Communist Party. In final analysis this means that for better or worse, the policies of the Chinese Communists, like Communists in every other country, have had to fall in line with, and usually subordinate themselves to, the broad strategic requirements of Soviet Russia, under the dictatorship of Stalin.
（初版、改訂版ともに原書 374 頁）

そして最後に、中国共産党の政治思想、戦術路線、指導理論は、明らかな指令とは言えないにしても、この 10 年ほど実質的にはロシア共産党の一部局と化したコミンテルンの緊密な指導下にあったことは言うまでもない。突き詰めて分析すれば、これは良い意味でも悪い意味でも、中国共産党の政策が、他のあらゆる国の共産党と同様に、スターリン独裁下のソ連の広範囲におよぶ戦略的要請に同調・従属せざるを得ないことを意味している。

書簡が残されている。スノーはその中で、『赤い星』は率直に中国の革命運動を評価する本であって、コミンテルンや各国共産党を悪意をもって中傷するような箇所はないものの、以後の改訂版では共産党への誹謗にとられかねない部分を自主的に削除するよう、出版社に依頼済みであると告げていた。つまりは、ソ連やコミンテルンやスターリンへの不満的言辞は、一言半句も許さないという米左翼界の隠然たる圧力と空気を前に、スノーも妥協の姿勢を見せざるを得なかったらしいのである。

改訂の具体的内容

こうしてスノーは、左翼党派の批判

を受け入れる形で、改訂に着手した。改訂を行った時期は、一九三八年一月の初版に対して批評や意見が出始めたあとの春から夏にかけて、場所は北平を脱出したのちにしばらく身を置いた上海と考えられる。内容面の書き換えは、分量的には多くはないが、やはりそのほとんどがソ連・コミンテルン・スターリンへの顧慮に基づく修正・削除である。

修正は、一例をあげれば、前ページのように行われた（下線部が改訂版で削除された部分）。英語の試験のようで恐縮だが、日本語訳もつけるので、ご容赦願いたい。

このほかにも、同様の傾向・理由による修正は、何カ所か確認できる。ただし、そうした箇所が、ブラウダーに告げたように、すべて削除されているわけではなく、スターリンへの棘のある言い回しが残っている場合も少なくない。例えば、中共支配地域における毛の地位について、スノーは、その影響は誰よりも大きく、民衆の尊敬を集めているとしつつも、「かれをめぐって英雄崇拝の儀礼は築かれていない。〝我々の偉大な指導者〟といった文句を使う者はいない」と述べているが、スターリンに対するあてつけにしか見えないこの部分は、改訂版でも変わっていない。スノーとて、すべてアメリカ共産党の言いなりになることは、かれのジャーナリスト精神が許さなかったのだろう。

トロツキストの『赤い星』評

では、当のトロツキストたちは『赤い星』をどう見ていたのか。レッテルとしての「トロツキスト」が横行し始めていた当時の状況の中、真のトロツキストと呼んでよいハロルド・アイザックスは、『赤い星』の直後に刊行した自著『中国革命の悲劇』（国民革命における共産党の敗北の歴史を通じてスターリンの誤りを批判した本）で『赤い星』に言及して、次のように論評していた。

スノーは、「トロツキストたちは、その〝立場の論理〟ゆえに、蔣介石になびき、同志を警察へ売り渡している」というような中傷を――トロツキストの〝立場の論理〟など全く理解していないくせに――安易にオウム返ししている。その一方でかれは、自分の立場の奇妙な「論理」によって、その蔣介石になびき、労働者や農民をブルジョアジーに売り渡している共産党を熱烈に賛美しているのである。

つまりは、コミンテルンの路線を奉じる中国共産党を好意的に描く限り、アイザックスらトロツキストの側から見れば、それへの疑念をほのめかす程度の筆致では、コミンテルン路線の下僕と大差ないのである。中国共産党について、それを国際共産主義運動との関連で論評すれば、どう配慮したところで、イデオロギー対立の深刻な左翼諸派全般から称賛されることはあり得なかった。

トロツキズムとの距離、これこそが当時の左翼文化界における『赤い星』の第一の評価軸だったなどということは、今日ではなかなか想像しがたい事態である。だが、往時からソ連もなくなってしまった今日を見れば、国際共産主義運動の脈絡と無関係に『赤い星』を読むなんて、それこそ想像しがたいことであっただろう。そうした時代の文脈を無視して『赤い星』の価値を云々することが意味をなさないのは、この一事からもあきらかである。

こうして『赤い星』ランダム・ハウス版の改訂版は、一九三八年の秋ごろ出された。上述したトロツキズムがらみの修正のほか、構成面でも改訂が加えられている。時局の進展に合わせて、将来を展望する最終章がアップデートされ、最後に第十三部として“Shadows on the Rising Sun”（旭日の影）の章が追加された。章の追加はその題が示すように、日中戦争の全面化に伴い、戦局に関する論評と見通しを述べたもので、一九三八年七月時点の状況にまで記述が及んでいる。

第三節　『赤い星』英語版のその後

名著改訂の壁

『赤い星』の次の改訂は、一九四四年に行われた。当時スノーはすでに中国を離れ、アメリカに戻っている。一九四四年版（ランダム・ハウス）では、一九三八年改訂版に付けられた第十三部「旭日の影」が削除され、代わって「エピローグ 一九四四」が追加された。スノーは、戦争の推移に伴い、日中戦争勃発直後に書いたものは、一九四四年時点では意味を失ったと判断し、代わりに、自らが取材して世界に知らしめた「赤い星」たちが長期にわたる抗戦を通じて成長し、期待に違わぬ活躍をする一大勢力となったことに、いささかの自負を表明する「エピローグ」を配したのである。これ以外に版面の変化で顕著なのは、一九四四年版が写真を一枚も掲載していないことだが、その理由は一九四四年版への序文にも書かれておらず、詳しいことはわからない。

『赤い星』が最後に大きく変貌するのは、一九六八年の拡大修訂版のさいである。一九四四年の改訂ののち、日本への戦勝、そして中華人民共和国の成立と、中国は大きく変わった。スノーが取材した陝北の「赤匪」たちは、毛を押し戴いて、新中国の主となったのである。この間、中共やその首領たちについても、種々制限はありながら、より詳しい情報がもたらされるようになった。また、共産党そのものも大きく変貌し、『赤い星』に登場した人物たちにも、三十年余りの間に浮き沈みが見られるようになった。『赤い星』は先駆的著作であるがゆえに、いきおい不備も目立ったわけで、大改訂は避けられなかったと言えよう。

この間、レッドパージ（赤狩り）のアメリカを離れたスノーは、一九五〇年代後半に『赤い星』の関連書（一つは『赤い星』に収録できなかった資料などをまとめた『中共雑記（*Random Notes on Red China, 1936-45*）』、もう一つは自伝的著作『目覚めへの旅（*Journey to the Beginning*）』）を刊行していたが、そうした一種の下準備を経て出されたのが一九六八年のグローブ・プレス（New York: Grove Press）版である。なお、スノーはこの版の出版後間もなく、最後の訪中をし、一九七二年にこの世を去ることになる。

当時、毛の進める革命運動（文化大革命）がなお進行中であったため、『赤い星』は、古典でありながら、情報の更新を求められるというジレンマを抱えることになった。実は、スノーは一九四四年の改訂の際に、一度全面的な書き直しを試みて挫折していた。ルポルタージュの書き直しは難しい。かりに情報の更新に重きを置くとしても、どうしても、のちに到達した認識に基づいて、ルポ当時の（無知ゆえの）

認識を書き換えるという作業が混り込んでしまうからである。それは、読者に正しい情報を提供するように見えて、実はルポルタージュ当時の認識や臨場感を覆い隠すことに他ならないのである。

古典作者としての矜持

一九六八年版で、スノーは明らかな誤記などは、関連情報を補記する（本文部分への関連記述の追加や補注の作成）などして訂正したが、章立ては一九四四年版を踏襲し、本文には大きく手を加えなかった。それが顕著に表れているのは、朱徳の生涯をつづった第十部第四章の「朱徳について」である。スノーが一九三六年に陝北を訪れた時、朱はなお長征の途上にあって、陝北にはいなかった。そこでスノーは、やむなく朱の部下だった人物などからの聞き取りに基づいて、かれの半生を紹介していた。ただし、アヘンは吸う、妾は囲うなど、放蕩三昧の若き日を送ったことになっている「朱徳について」は、一九三七年の時点ならいざ知らず、一九六〇年代ともなれば、明らかに誤りだらけだった。

スノーは一九六八年の時点で、この章の全面書き換えもできたはずだが、「原典の形式と精神をそこなわないために」、「記録が残されていない時代の紅軍物語の一部」として、若干の手直しを加えただけで、あえて元の文章を残している。つまりは、正確な朱の伝記を借りてきて、この章を書き換えることをあえてせず、当時の認識を残すことを選んだのである。古典的ルポルタージュの作者としての自覚を良く示すものであろう。他方で、その時点までに明らかになった共産党関係者の経歴や、旧版では紙幅の関係で盛り込めなかった取材記録の一部などは、本編とは別に付録として収録された。それら付録は、分量にして八十頁ほどに及んでいる。このほか、現在形だった記述の一部を過去形にするなどの修正が施されており、本の語りが読者に与える印象は、かなり変わったとは言えるかも知れない。

写真（五十五点）について言えば、一九六八年版ではかなりが入れ替えられた。一九三八年版に掲載された六十一点のうち、そのまま使われたのは十六点で、逆にそれまで雑誌や中国語版でも公開されたことのないものが二十一点を数える。スノーにとって、一九六八年版はおのれのジャーナリスト生涯の集大成だったことがうかがえよう。『赤い星』所収の写真について附言すれば、一九三七年版、一九三八年版、一九六八年版のいずれにおいても、スノー（および妻ウェールズ）が撮影した、もしくは当時陝北で共産党から提供されたもの以外の写真、すなわち他の人がとった写真や後世に撮られた写真は、一枚たりとも使われていないことを見落とすべきではあるまい。

スノーは（ウェールズも）、決して写真撮影の専門家ではなく、それゆえに今日の目で見ると、必ずしも上出来とは言えない写真も混じっている。また、一九六八年ともなれば、毛にせよ、中国革命にせよ、写りの良い写真はいくらも出回っていた。それにもかかわらず、スノーが最後の版に至るまで、自らが撮った古い写真にこだわり続けたことは、自分こそが一九三六年の中国共産党と毛沢東の真の目撃者・証人なのだという、『赤い星』の著者としての揺るがぬ自負を物語っているだろう。

第四節　『赤い星』中国語版――『西行漫記』とスノー

中国での反響

スノーの取材記は、英語で発表されると間もなく、中国語に翻訳され、様々な形態で中国全土に広まった。その代表的なものが一九三八年二月ごろに上海の復社より刊行された『西行漫記』（図64）であり、この本を読んで感激し、その後の人生が変わった中国青年は数知れない。人生が変わったとは、多くの場合は共産党への憧れが昂じて、革命のために人生を捧げようと決意することになったというものである。中国では、そうした人々の声を集めた『西行漫記とわたし』という文集すら刊行されている。

だが、時期から言えば、『西行漫記』よりも早くに、スノーの取材記事が中国語ジャーナリズムの世界に大きな影響をあたえていたことを見逃してはならない。英語版について先にも触れたように、『赤い星』が刊行される以前に、スノーは中国内外の英文雑誌に同書の章節に相当する原稿を部分的に発表していた。ただし、当時の言論統制の下では、共産党の政策に関する毛沢東の談話や共産党統治下の民衆生活の様子などを、公開の中国語メディアは到底掲載できなかった。抗日戦争前でいえば、上海の総合雑誌『東方雑誌』が一九三七年三月に、「赤禍根絶のかけ声を浴びる赤い人物たち（根除赤禍声中之赤色人物）」と

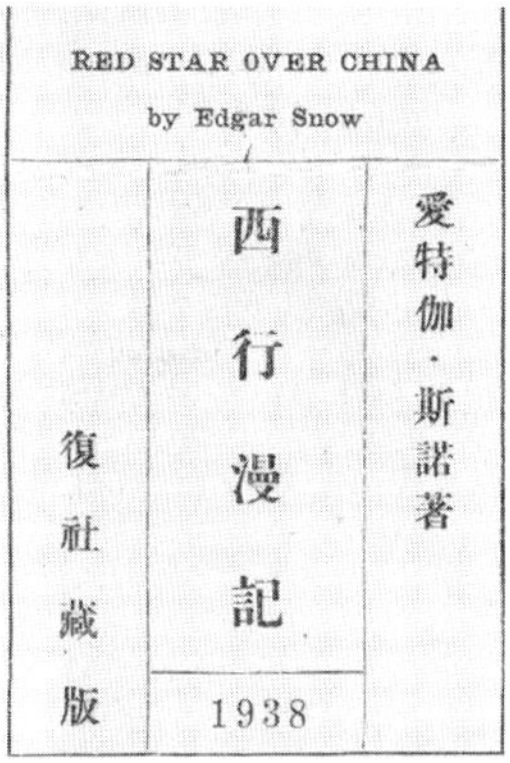

図64　『西行漫記』の表紙

題して、『ライフ』掲載の写真八枚を転載したのがせいぜいだった

『外国記者西北印象記』

こうした中、スノーの記事をある程度まとめて翻訳・紹介したのが、一九三七年四月ごろに北平で秘密出版された中共根拠地についての評論集『外国記者西北印象記』である。全三百頁ほどのこの本（図65　奥付の記載では、上海 丁丑編訳社刊、一九三七年。「訳者序」（訳者名は挙がっていない）の日付は一九三七年四月一日）は、スノーの取材記事だけでなく、かれに先だって中共根拠地について発表されたノーマン・ハンウェル（Norman Hanwell）のレポート（「中国紅軍は如何にしてソヴィエト区を建設するのか」「赤い中国にて」）などを収めたものであった。ハンウェル（一九〇九～四一）はカナダ籍の中国研究者で、一九三〇年代半ばに四川省などで、紅軍撤収後の中共根拠地を訪れ、そのレポートをスノーも寄稿した『アジア』に、その直前にいくつか発表している。仮にスノーの取材というものがなかったら、ハンウェルの紀行文は大きな注目を浴びたことだろうが、かれには全く運がなかった。スノーのルポが直後に出るや、ハンウェルのルポの価値など、無に等しくなってしまったからである。スノーになり損ねた男と呼べるかも知れない。

図65　『外国記者西北印象記』の表紙

『外国記者西北印象記』は一九七〇年代に中国で発見さ

れ、その後「『西行漫記』の雛形」という評価を受けるに至っている。雛形というのは、来歴や初出のよくわからないものを含め、スノーのルポを三篇収録し、かつ表紙を含めて、三十四枚のスノー由来の写真が掲載されているからである。その三篇には、原文を確認できないものや、後になって英文雑誌に発表されたものも含まれている。三十四枚の写真についても、その中には、それまで雑誌などに発表されたことのないもの、あるいは『赤い星』一九六八年版にのみ掲載されているものも含まれている。これは何を物語るか。考えられる可能性はただ一つ、この『印象記』はスノーの積極的関与のもとで刊行されたものだということである。

スノーは後年、「西北への旅について、わたしは一九三六年の末から翌年初頭にかけて、一部を書きあげ、新聞に連載されたその原稿の写しを北京の中国人教授連中に手渡した。かれらはこれを中国語に訳し『中国西北印象記』と題して出版した」と述べているが、ここで言及されている『中国西北印象記』とは、『外国記者西北印象記』のことにほかならない。一方、その翻訳を担った中国人（当時、スノーの取材・執筆・原稿整理などの手伝いをしていた王福時、郭達、李放ら）は後年の回想で、同書の出版にスノーの許諾・支援があったことを示唆している。『印象記』所収の文章・写真の出所を洗い出して総合的に考えるならば、この秘密出版のアンソロジーがスノーの積極的関与、すなわち未刊原稿や写真の積極的提供によって世に出たことが、明確になるのである。

前述のように、スノーの取材記は、英語メディアであれば、国民政府統治下の当時の中国でも発表できた（むろん、干渉はあった）が、中国語メディアでは掲載は難しかった。中国語の公刊雑誌にスノーの取材記が翻訳されるのは、抗日戦争勃発後の一九三七年八月に、上海の雑誌『文摘』に登場した「毛沢東自伝」（*Asia*からの翻訳）の連載、および同誌九月号の「毛沢東、中日戦争を語る」を待たなければならない。こうした中、スノーは中国国内にあっては、国外向けのジャーナリストとは別の顔、すなわち政治や運動への参与者として振る舞うことを厭わなかったふしがある。

そもそも、かれは陝北に潜入する以前にあっては、ウェールズとともに、北平の学生たちの抗日愛国運動を積極的に支持し、一九三五年の一二・九運動発生にコミットしていた。非公式の翻訳物である『外国記者西北印象記』への原稿・写真の提供も、西洋流の著作権規範からは外れるもののはずだが、スノーはそれよりも、自らの著作が現実世界に働きかける方を優先したのである。こうしたスノーの姿勢は、『赤い星』の真の中国語訳たる『西行漫記』においても、同様にうかがうことができる。

正規版『西行漫記』

『赤い星』の中国語版として、最も知られているのが、王厂青《おうかんせい》等訳『西行漫記』（上海 復社、一九三八年二月）である。"Red Star over China"をそのまま訳して書名にしたのでは、検閲・発禁を免れがたいため、『西行漫記』なる書名にしたこと等々、同書の翻訳と発行のいきさつについては、そのコーディネーターをつとめた胡愈之《こゆし》（中共党員）の回想録をはじめとする資料が出されており、すでに謎は多くない。胡の回想によれば、抗日戦争勃発後も上海に残ったかれは、おりから同地へやって来たスノーの知遇を得て、ロンドンから送られてきたばかりの『赤い星』（ゴランツ版）を入手、スノーと同書が共に信頼のおけるものであることを確認したのち、知り合いの青年数名による分担翻訳を差配したのだった。翻訳に着手したのは一九三七年十二月で、翌年一月末には出版にこぎ着けることができたという（実際には二、三月ごろの刊行と見られる）。

こうした異例とも言える速さで中国語版が出版できた理由として、胡はかれら翻訳チームの熱意のほかに、スノーの協力を挙げている。すなわち、スノーは手元に一冊しかなかった原書を提供するだけでなく、記述の不備を訂正し、さらには原書には収録されていない写真を新たに提供しさえしたというのである。『西行漫記』に収録された五十一枚の写真のうち約二十枚は、確かに原書や前記の『外国記者西北印象記』を含め、それまで一度も発表されたことのないものであった。

一方、『西行漫記』の中身に目を転じると、内容に関わる改訂がいくつか施されている。まずは、同書が国共合作成立後に刊行されたことに伴う変更で、国民党への批判的言辞が削除されている点である。例えば、革命根拠地の住民へのかつての国民党軍の残虐行為について述べた徐海東《じょかいとう》（共産党の軍事指導者）に、スノーが「それは国民政府の軍隊について言っているのですね」と念を押したのに対し、徐が「そうです。湯恩伯《とうおんはく》将軍の第十三軍と王均《おうきん》将軍の第三軍でした」と答える部分が、『西行漫記』では削除されている。言うまでもなく、国民党が共産党の敵であった一九三六年に語られたこの内容は、国共合作体制で抗日戦争に臨んでいた一九三八年初頭の中国では、不適当なものになっていたからである。

このほか、第十一部第五章の「外国人顧問」がまるごと削除されている。この章は、当時ソ連から中共に派遣されていたドイツ人軍事顧問（中国名は李徳、原書では Li Teh と表記され、本名（オットー・ブラウン）は明かされていない）の存在とその役割について述べた章である。恐らくは共産党（あるいは、コミンテルン・ソ連）のイメージを損なわぬよう、特に間接的なコミンテルン批判として読まれないようにという政治判断からなされたものだと推測できる。

こうした修正は、スノーが訳者に原稿を渡す以前に行っていたらしく、『西行漫記』の「訳者附記」も、それら英語版初版と異なる部分、つまり修正は、章節の削除を含めて、すべてスノーによるものだと述べている。それを先に見た英語原書の改訂版と対照させながら検証してみよう。一九三八年秋に原書の改訂版が出されたさい、スノーがソ連・コミンテルンへの批判的、あるいは「不適切」な言辞を削除するような修正を行ったことは前述したが、こうした点は『西行漫記』ではどうなっているか。

例えば、先に二〇二頁で原文を対照紹介した箇所は、『西行漫記』ではおおむね原文の通りだが、一箇所だけ「スターリン独裁下のソ連」という原文が単に「ソ連」と訳されている。「ソ連」にかかるはずの under the dictatorship of Stalin の一句のみが訳出されていないのである。このほかにも、一九三八年の英語改訂版で修正された箇所のかなりが、『西行漫記』では部分的につとに修正（削除）されている。つまりは、こうした修正は訳者や胡愈之が行ったのではないこと、すなわちスノーがかれらに修正済みの英文原稿を渡し、それが翻訳されて『西行漫記』になったのだということがわかるのである。同様に、朱徳の生涯をつづった「朱徳について」の章が、英語原書では、初版以来一貫して不正確なものであったことは先に紹介したとおりだが、『西行漫記』の該当部分は、朱の自述スタイルのものに差し替えられている。そしてそこには、英文版の朱徳伝は誤情報が多いので、ウェールズ提供の最新情報によって書き換えるというスノーの注記が見えるのである。

『西行漫記』の位置づけ

かく見れば、『西行漫記』とは、『赤い星』原書の翻訳というよりも、スノーが中国語版のために提供した改訂稿を翻訳したもの、つまりは『赤い星』の特別版とでもいうべきものだったと結論できよう。その特別版は、ソ連・コミンテルンへの党派的配慮という点で言えば、一九三八年の英語版初版と改訂版の中間に位置するものであり、朱徳伝の全面差し替えや収録写真の構成という点から見れば、英語版『赤い星』では実現できなかった同書の完成形であったとすら言えるだろう。先にも述べたように、スノーは英語版『赤い星』の改訂の機会があるたびに、大幅な書き換えを考えてはいたが、同書の古典的ルポルタージュとしての性格に鑑みて、結局は大きく構成を変えたりすることはなかった。だが、中国語世界での初版であれば、完全な形（正しい情報）にして送り出すことができる。『西行漫記』にスノーが托したのは、そうした願いではなかったか。

ただし、『西行漫記』に訳者や胡愈之、つまりは中共関係者の意向がまったく入っていなかったとは言えまい。例えば、『西行漫記』に寄せたスノーの序に見える「蔣介石委員長の賢明なるご指導の下で」といった言葉遣いは、先に見た周恩来らの記事取り下げ要請と同じく、胡らが当時の政治情勢に鑑みて、加筆した可能性がある。同様に、国民党軍の残虐行為についての記述削除も、スノーの意向というよりも、発禁を免れるための便宜的措置として、翻訳する側が行ったのではないかと見られる。もっとも、

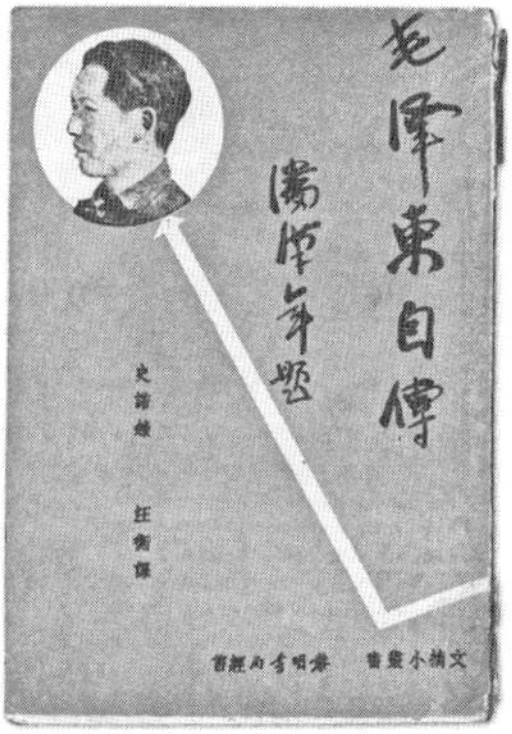

図66　『毛沢東自伝』の表紙

こうした苦心も虚しく、『西行漫記』は国民党支配地域では、たちまち発禁本に指定されてしまうのだが。

ただし、発行元の復社がすでに国民政府の支配の及ばなくなった上海（日本軍が一九三七年十一月に占領）にあったためか、『西行漫記』は発禁処分にもかかわらず、版を重ね、さまざまに変形されたダイジェスト本や毛の自伝部分だけを切り離した海賊版とともに広く流布した。近年の中国では、この時期に刊行された色々なバージョンの「毛沢東自伝」がマニアの収集対象となり、立派な図録まで出版されている。中国における『赤い星』の影響をトータルに研究するのなら、当然にこうしたダイジェスト版や海賊版まで収集して分析すべきだが、今や古書市場での値段はべらぼうである。『毛沢東自伝』の初版本（汪衡訳、一九三七年十一月　**図66**——『西行漫記』より早く、『文摘』という雑誌に連載された「毛沢東自伝」〔*Asia* 掲載のものの翻訳〕を一冊にしたもの）の値段は四万元（約七十万円）、別の珍しい版本になると七～八万元（一三〇～一四〇万円）である。何十とある版本をそんな調子で買っていたら、金がいくらあっても足りない。収集の方は、その道に長けたかの国のマニアに任せるしかないので、私製版や海賊版の詳細については、本書では割愛する。ただし、一九四九年以降の中国における『西行漫記』については、言及されることがまれなので、それにのみ一言しておこう。

第五節　人民共和国での『赤い星』——秘匿された名著

「内部読物」に指定

一九四九年の人民共和国成立まで、『赤い星』の各種中国語版（その代表格は『西行漫記』）は、おびただしい部数が発行され、共産党とその首領毛沢東の影響力の拡大において、絶大な役割を果たした。種々のスノー本の発行が共産党の手によって行われたことも少なくない。だが、奇妙なことに、『西行漫記』は一九四九年を境に、十年ものあいだ再刊されることのない図書となってしまったのである。スノーの新中国訪問がかなった一九六〇年、ようやく『西行漫記』は版を組み替えて、三聯書店から復刊されたが、そのさい同書は何と、「内部読物」の指定を受けることになった。

「内部」発行の本というものが中国にはある。普通の人が入る本屋では売っていない本で、今はかなり少なくなったが、かつてはちょっとでも「微妙」な内容の本は、みんな「内部発行」だった。「微妙」の範囲はそれこそ「微妙」だが、あえて簡単に言えば、政治や外交、共産党、社会問題など、中国の体制にとってちょっと具合の悪いものは、すべてそれに該当する。要は、重要な事柄が書いてある本でも、程度の低い人間が読むと良からぬ考えを持ちかねないから、一般書店の店頭では売らない、けれどもある程度以上の人間には知っておいてほしいから、別ルートで発行するということである。一般民衆にとっては、禁書も同然ということになる。毛を世界に知らしめた本が、毛の中国で半ば禁書になったと書くと、意外に感じられる人も多かろう。一九四九年以前、党とその指導者を宣伝するため、スノー本を活用した共産党が、手のひらを返したように同書を無視するようになったのはなぜか。

『赤い星』のどこが問題なのか

原因は二つあるように思われる。一つは、スノーの一九四九年前後の言動が共産党をいらだたせるようになっていたことである。もちろん、スノーは共産党の勝利と人民共和国建国を祝福した。いわば、自分が見いだし、見守ってきたかわいい子供が大成したわけだから、当然である。ただし、スノーは中国を分析する専門家として、中共の勝利を、スターリン流の社会主義とは一線を画す、ある種の民族主義型共産主義政党の勝利と捉えていた。一家の言といえよう。

ただし、これはソ連との揺るぎなき同盟を基礎として国づくりを始めようとしていた中共の方針・イデオロギーと大きくずれるものであった。ソ連と中国とを一枚岩だと見なさないかれの見解は、中共を含む社会主義陣営からは、中ソの不和をあげつらい喜ぶものだと見なされたのである。その言がほかでもない、スノーの口から発せられたのだから、中国の反発もそれだけ強かった。かくて、一九五二年には、かれは中国のメディアにおいて、アメリカ帝国主義の手先、ソ連を誹謗する者として、一時名指し批判されるに至ったのである。そうした冷戦時期特有の思考パターンがまかり通った当時、中共にとって、スノーは決して中国人民の友ではなかった。

スノーに対する中国の不満は、かれが一九五〇年代に発表したいくつかの『赤い星』関連書、すなわち『中共雑記』と自伝的著作『目覚めへの旅』によって、より大きくなったのではないかと思われる。

どういうことか。この二著の中で、スノーが一部明かした『赤い星』の舞台裏と宋慶齢の関係を例に説明しよう。ちなみに、宋慶齢は一九四九年以後も大陸に残り、中央人民政府副主席に就任、亡夫孫文の果たせなかった革命の大業が共産党に引き継がれたことを象徴する存在となっていた。

宋慶齢がスノーの陝北行を支援したことは、『赤い星』では伏せられている。彼女の支援を受けた事実をスノーがあかしたのは、一九五八年に発表した自伝においてである。実はスノーは一九三〇年代に、何度か彼女にもインタビューをしていたが、「自己の見解をおおやけに発表することができない」という宋をとりまく民国当時の状況下では、彼女の言葉は、スノーの中共取材に便宜を図ったという事実ともども、到底公表できなかった。それから人民共和国成立をはさんで二十年以上がすぎ、「彼女の立場がはっきりした今日、彼女の信頼を裏切ることなしに、当時の彼女について若干のべることができる」と考えたスノーは、かつて「公表しない建前でメモした」宋の言葉を自伝で紹介した。

だが、「立場のはっきりした」のちであっても、スノーが彼女のかつての言葉を伝えることは、決して好ましいことではなかった。具体的に言えば、宋家の家族に関すること（宋家の人間で大陸に残ったのは、ほぼ宋慶齢一人）、孫文が生前にキリスト教式の葬礼を望んだこと、トロツキー批判をしたスノーに対して、彼女がトロツキーの『裏切られた革命』を渡し、「多くの真実が書いてある」から読むよう勧めたことなどである。共産党を支持した宋は、亡き孫文の化身であり、国家副主席をつとめるほどの高位にあるのだから、これくらいの事実なら問題なかろう、スノーはそう考えて公表したのだろう。

その後、本を宋ら中国の「友人」たちに送ったものの、返事もないのを怪訝に思っていたスノーのもとに寄せられたのは、「自分の言葉を誤って引用しており、その態度は誠実でもなければ友好的でもない」という彼女の抗議の書簡だった。スノーを通して人民共和国の歴史認識と齟齬する語りがもれることは、宋にとっても不都合なのであった。いわばスノーは、余計なことまで書いてしまう「知りすぎた者」であり、そうしたかれに向けられた不信感が『西行漫記』再刊の障害となったと見られる。

『中国の赤い星』は読む必要なし

『西行漫記』が再刊されなかったいま一つの理由は、『赤い星』の語る革命史像や毛沢東像、あるいは登場人物たちのエピソードや評価が、一九四九年をはさんで確立しつつあった共産党の公式歴史叙述と一致しないものだったことであろう。共産党は『西行漫記』の出版ののち、毛の旗振りのもとで、毛を無謬にして偉大な革命の指導者とする歴史像を公式に作り上げていた。一九四五年には、それを党の「若干の歴史問題にかんする決議」に仕立てて、採択していたのだった。『赤い星』の伝える毛沢東像は、十分に魅力的なものではあったが、一九四九年以降、毛は完全無欠な指導者というさらなる高みへ押し上げられており、スノーにたいして毛が披瀝した「自由な語り」は、むしろ扱いに困るものになっていたのである。また、取材から十年以上の時が流れる中で、本に登場してもらっては不都合な人物(例えば党の裏切り者とされるような人物)も、ポツポツと出ていた。それゆえ同書は、普通の人が知らなくてもよいことの書いてある書物、つまりは「内部読物」扱いになったのである。

スノーに対する共産党の評価の方は、中ソが次第に対立していくのに反比例して好転し、一九六〇年にはスノーの中国再訪が実現する。再び「中国人民の友」と呼ばれるようになったかれが里帰りするのだから、それに合わせた引き出物が要る。一九六〇年の『西行漫記』の復刊がそれであった。けれど一般民衆には読ませたくない。それが「内部読物」指定であった。いわば、『西行漫記』の復刊とは、スノー訪中に向けた一種のアリバイ作りでしかなかったのである。

そうなると、どんなことが起こるか。人民共和国初期には、何種類か毛沢東伝が書かれたが、『西行漫記』の書名を出せなくなるわけである。前にも書いたとおり、毛の生い立ちや青少年時代の資料は、『赤い星』の自述しか頼れるものがない。けれど出典としてスノーの名も、本のタイトルも出しにくい。かくて、そのころの毛の伝記は、スノーの名を出さず、「ある米国人記者の書いた『西行漫記』第〇章」という妙な表記の仕方で同書を引用せざるを得なかった。その結果、さらにどういうことが起きるか。後で述べるが、戦後日本の若者にとって、『赤い星』は中国革命理解のバイブルであり、同書によって中国革命に共感した者は数知れない。なのに、一九六〇年代に交流のために訪中した日本の学生が『赤い星』を読んだ感激を話題にしても、交流相手の中国の若者は誰もスノーの名前も本も知らなかったというような、不思議なことが起こったのだった。

文化大革命の中で

『赤い星』をめぐるこうした情報統制のタガがはずれたのが文化大革命時期である。「毛主席に学ぶ」ことを名目に、紅衛兵組織によって各種の毛沢東著作集が非公式に編纂・発行されると、毛の自伝の部分だけが、『毛沢東自伝』『毛主席の回想』などの書名で、非正規に大量に再刊・複製された。いわば、『西行漫記』は半ば禁書の扱いを受けながら、自伝の部分だけが爆発的に流布したわけである。

その後、スノーは毛に招かれて一九七〇年八月から翌年二月にかけて、生涯最後の訪中をし、そのさい米中関係改善のシグナルとなるメッセージを毛から託されることになる。この訪中の期間、天安門楼上で国慶節の行事に臨むかれと毛の写真が、『人民日報』の一面に置かれたことがあったが、キャプションは単に「米国の友好人士　スノー氏」だけだった。つまり、かれと毛とがどんな関係にあるのか、何らわからないようになっていたのである。当然に『西行漫記』の著者であることなど、全く説明されていない。それどころか、スノーの訪中期間の『人民日報』を探しても、かれが『赤い星』(『西行漫記』)の著者であることに触れる記事は皆無である。それが当時の中国での『赤い星』の境遇であり、多くの中国人にとって、『西行漫記』はほとんど未知の書物だったに違いないのである。

もっとも、スノーと共産党との関係について言えば、当時の中ソの関係は一枚岩どころか、戦争もささやかれるほどの決定的対立状況であったから、中ソの違いを予見したスノーの一九四九年時点の見解を蒸し返す必要は、共産党の側には全くなかったであろう。ジュネーブに帰還後、ガンの床についたスノーに対し、共産党は一九七二年初めに医師団を派遣してかれの最期を看取らせ、二月十五日にスノーが死去すると、毛沢東、周恩来、宋慶齢らの名義でこの「中国人民の友」に哀悼を捧げた。だが、かれらの弔電は、毛や共産党の革命運動を初めて世界へ報道したスノーの偉業を称えながらも、どれも『西行漫記』という書名を挙げることをしなかった。当然に、スノーの死を悼んで『西行漫記』が再刊されたり、『赤い星』の新訳が出たりすることはなかった。

『赤い星』の再翻訳

文化大革命の終結後、『赤い星』は正式に翻訳しなおされた。さらにいわゆる改革・開放政策時期以降、スノーと『赤い星』は、世界と中国革命、世界の見た中国共産党という脈絡の中に位置づけられる名著として、数種類の翻訳が出ている。研究のレベルでいえばそれらを一通り説明すべきところだが、本書では文革後最初に出て、今日に至るまで最良の翻訳という評価を受けている董楽山《とうらくざん》訳の『西行漫記（原名　紅星照耀中国）』だけを紹介するにとどめる。

『赤い星』を翻訳し直すという企画は、フォード米大統領が訪中した一九七五年冬に持ち上がり、米中国交正常化の年（一九七九年）に三聯書店からの出版という形で実現した。生前のスノーをメッセンジャーにして米中関係を打開した中国にしてみれば、対米関係の節目に合わせて名著を蘇らせることは、国家的課題とリンクする象徴的意義を持つと判断されたのであろう。三聯書店は民国創業の老舗出版社である。良著を出すことでも定評のあった同書店は、これまた名翻訳家としてその道で知られていた董楽山（一九二四〜九九）に持ちかけた。董は新華社の外文翻訳部で働いたこともある翻訳のスペシャリストで、当時は文革による政治的迫害をようやく免れて、社会復帰したばかりだった。

当初は、旧訳の『西行漫記』をもとに、その後出版された英語新版などに照らして修正と補記を施すという方針が考えられたが、結局は全面的に翻訳しなおす方が良いということになった。この名著の再翻訳にあたり、董は当時の中国の歴史叙述のしきたり通りのやり方で翻訳するのではなく、原文通りに翻訳し、必要な箇所には訳注を付すやり方をとるよう主張して、出版社にそれを認めさせた。

「原文通りに翻訳し、必要な箇所には訳注を付すやり方」、これは読者諸氏にとって、ごく常識的なものであろう。では、そうではない「中国の歴史叙述のしきたり通りのやり方」とは何か。しきたりには色々あるが、この場合、端的に言えば、共産党やその指導者に差し障りのある部分は、適宜に修正・削除するということである。「尊者の為に諱《い》む」、つまり偉い人の恥となることは書かないという古来の「しきたり」は今でも残っているが、毛がまだ生きていた当時は、「しきたり」というよりも「おきて」であった。原著の通りに翻訳する、訳者の判断で修正しない、そんな当たり前のことが全く通用しない時代に、董は翻訳家としての信念をこの名著にぶつけたのであった。

董の『西行漫記』は、一九三七年のゴランツ版初版を底本として翻訳された。本章で説明したように、『赤い星』の英語版は、スノー自身の手で何度か改訂されており、どの版を底本とするかは難しい。一九七〇年代後半であれば、一九六八年拡大改訂版が英語の最新版のはずだが、董は最初の版本をこの古典の本来の姿と見なしたのであろう。しかしながら、先にも指摘したように、ゴランツ版をはじめとする英語版には、どれにも決定的な不備があった。朱徳の伝が誤った情報に基づいて書かれており、スノーはそれの不備を注記しながらも、基本的に書き換えをしなかったという点である。唯一、スノーがその不備を正して書き直したのが、一九三八年の中国語版『西行漫記』である。むろん、これが収録する朱徳伝は中国語があるだけで、その元になったであろうスノー提供の英文原稿は伝存しない。かくて、董は朱徳伝の部分だけを、その旨を説明した上で、『西行漫記』から再録している。したがって、厳密にいえば、董の『西行漫記』は、英語版のどれとも対応しないのであるが、前述のように、一九三八年の『西行漫記』はスノーにとって、英語版『赤い星』では実現できなかった同書の完成形であったとも言えるだけに、董のやり方は不適切な処置とは言えまい。董の新訳は改革・開放の時代思潮とも重なり、その後一九八二年までに一六五万冊を売り上げる大ベストセラーとなった。

ただし、原文通りの翻訳を謳う董の『西行漫記』も、党の指導者への不敬に当たる部分を削除するなど、政治に配慮した改変がないわけではない。具体的に言えば、相思相愛で結ばれた毛と楊開慧の結婚について、『赤い星』の原書では、「当初は、試験結婚として始められたようである」と書いてあったが、婚前の同棲を想像させるこの部分は、当時の倫理観からすると、偉大なる領袖への不敬だと見なされたようで、削除されている。＊これが、「中国の歴史叙述のしきたり」というものなのである。

＊ この一文は、原書でも一九六八年版では削除されている。スノーも毛の体面に配慮したのかも知れない。したがって、董訳本が原書の最新版を底本にすれば、そもそも削除する必要はなかったのだが、一九三七年版を底本としたために、こうした削除を行わざるを得なくなったわけである。

第六節　ソ連と『赤い星』

ソ連とスノーの溝

本書の第二～三章で紹介したように、ソ連ではスノーの著作以前に、中共の活動に関する書籍・資料集、あるいは毛の伝記も何種類か発表されていた。とりわけ一九三五～三六年に、コミンテルン第七回大会や中共創立十五周年に合わせ、積極的な宣伝の取り組みがなされたことも、すでに見たとおりである。スノーの『赤い星』が出るまでは、中共やその首領に関する情報といえば、モスクワで編纂されたこうしたものに頼るほかなかったわけだが、何と言っても強い党派性を持ったものだけに、国際的に共有されるには、ほど遠い性質のものだった。

その意味では、スノーの取材記事や『赤い星』は、ソ連・コミンテルンにしてみれば、宣伝活動における強力なライバルの出現でもあった。ましてや、スノーの取材行は、そもそもソ連やコミンテルンの直接にはあずかり知らないところで決行されたものだったし、かれの政治的立場も、ソ連流の社会主義とは隔たりのあるものだった。それゆえ、スノーの報道はソ連やコミンテルンにとって、必ずしも渡りに船とは言えない側面を持っていたのである。ソ連やスターリンへの棘を含んだ、すなわち「トロツキスト」的傾向のあるスノーの文章が、ソ連でそのまま翻訳されることは期待できなかった。

ソ連で最初に報じられたスノーの取材記は、一九三七年十二月十五日発行の雑誌『国外』に掲載された「毛沢東《マオ・ヅォドウン》」であった。『国外』は、かつてエレンブルグによる毛沢東伝（一九三四年）を掲載したことのある国際時事評論誌である。このたび『国外』に載った「毛沢東」は、一九三七年の『赤い星』ゴランツ版からの抜粋訳であった。具体的には第三部第一章（「ソヴィエトの巨頭」）と第四部（「ある共産主義者の来歴」――すなわち毛沢東自述）の抄訳で、分量は二ページ（図版なし）に過ぎない。文章に付けられている注記は、「ディリー・ヘラルド上海特約記者の新著の抜粋」という極めて簡単なもので、その新著のタイトルや出版地などはもちろんわからないし、スノーの取材の経緯も完全に伏せられていた。

内容に目を向けると、毛の生年や出身地、生い立ちなどの基本的な事柄は、スノーの文章のまま翻訳されているものの、共産党員となってのちの具体的活動については省略が多く、とりわけ党内問題や党指導者の誤り（陳独秀、李立三）についての部分は、まったくと言ってよいほど訳出されていない。中国革命に対するコミンテルンの指導の是非にかんする点もまったく省かれていることは言うまでもあるまい。この最初の翻訳は、その意味で、まさにソ連流の「抜粋」であった。

図67 『中国の英雄的人民』

ソ連流の翻訳

ソ連流の抜粋は、スノー『赤い星』の露語版単行本が刊行されたさいにも発揮されている。露語版単行本は一九三八年にモスクワで、スノー著『中国の英雄的人民（*Героический народ Китая*）』というタイトルで発行された（**図67** ミルツェヴァ訳）。この露語版は、スノーの同意を得ることなく出版されたものだった。後年、それを知ったスノーは、「『赤い星』の削除訂正版が、私の了解もなくモスクワで出版されたが、そこでは西安事変、コミンテルン、ソ連および全ての〝問題〟箇所が削られていた」と嘆くことになる。スノーのいう〝問題〟箇所の扱いとは、具体的に言えば、次のようなことだった。

まずもって、四五〇頁を超える『赤い星』原書は、ロシア語版では百頁あまりに圧縮、章立てなどの構成も大きく改変され、「統一戦線」の重要性が露骨に強調されていた。原著の目玉ともいうべき毛沢東自述は、終章「中国人民の息子」に回され、大幅に圧縮されるばかりか、ロシア人の大好きな「鋼鉄の意志」を持つほかの紅軍指導者たちの人物紹介と一緒にされてしまうありさまだった。毛の共産党員としての活動にかんする記載は、一頁にも満たず、その半面、スターリン著作からの引用だけは、しっかりと加筆されていたのである。ここまで改変してしまうと、訳書というよりも別の本である。同書が『中国の赤い星』という訳書名を冠せなかったのも無理はない。

このいわく付きのロシア語版とは別に、『赤い星』のまっとうなロシア語版も計画されたふしがある。この計画は、結局実現せず、その後半世紀もの間、ソ連では『赤い星』はおろか、スノーの著書も一切刊行されぬままとなるのだが、一九三八年の時点でその実現を阻んだのは、先に英語版のところで述べたアメリカ共産党ではないかと見られる。すなわち、ソ連で翻訳すべき英語図書の選定に当たっていた国家出版社（モスクワ）の担当者が一九三八年九月に「アメリカ共産党駐コミンテルン代表」に対して、スノーの著作などをリストアップして、その著者たちの政治的立場などを問い合わせているが、それへのアメリカ共産党代表の回答は、「トロツキスト的傾向」を持つスノーがそうした偏向を脱したと証明されるまで、「かれの著作は一冊たりとも翻訳すべきではありません」というものだった。例の魔法のレッテル「トロツキスト」である。かかる烙印を押された以上、ソ連でスノーの本がそのまま出ることはあり得なかった。

出ないままのロシア語完訳

その後、ソ連がスノーに貼ったレッテルは、一九四〇年代末からは、中ソ離間を企む者、後に中ソが対立すると、一転して毛沢東主義者《マオイスト》へと転じていったが、レッテルがいずれでも、ソ連でその著作が翻訳するのに不適切であることに変わりはなかった。かくて、ソ連解体後に今度は革命中国への関心をよくも悪しくも失ったロシアでは、『赤い星』の露語版は出版されぬまま、今日に至るのである。

ただし、原書『赤い星』が刊行された一九三〇年代末の時点では、ソ連やコミンテルンにとって、問題があるのはあくまでもスノーであって、決して毛が憎いのではなかった。それどころか、コミンテルンに忠実なる中共の指導者として、あるいは日本の侵略と戦う中国人民のリーダーとして、ソ連は毛の存在を積極的に宣伝しようとしたし、現にスノーの本以降も、いくつかのロシア語版毛沢東伝が刊行されている。皮肉なのは、正確な毛沢東伝を発表しようとすれば、スノーの取材記に拠らざるを得なかったということである。例を挙げよう。

一九三九年には、その名も『毛沢東――略伝（*Мао Цзе-дун, Биографический очерк*）』という伝記がモス

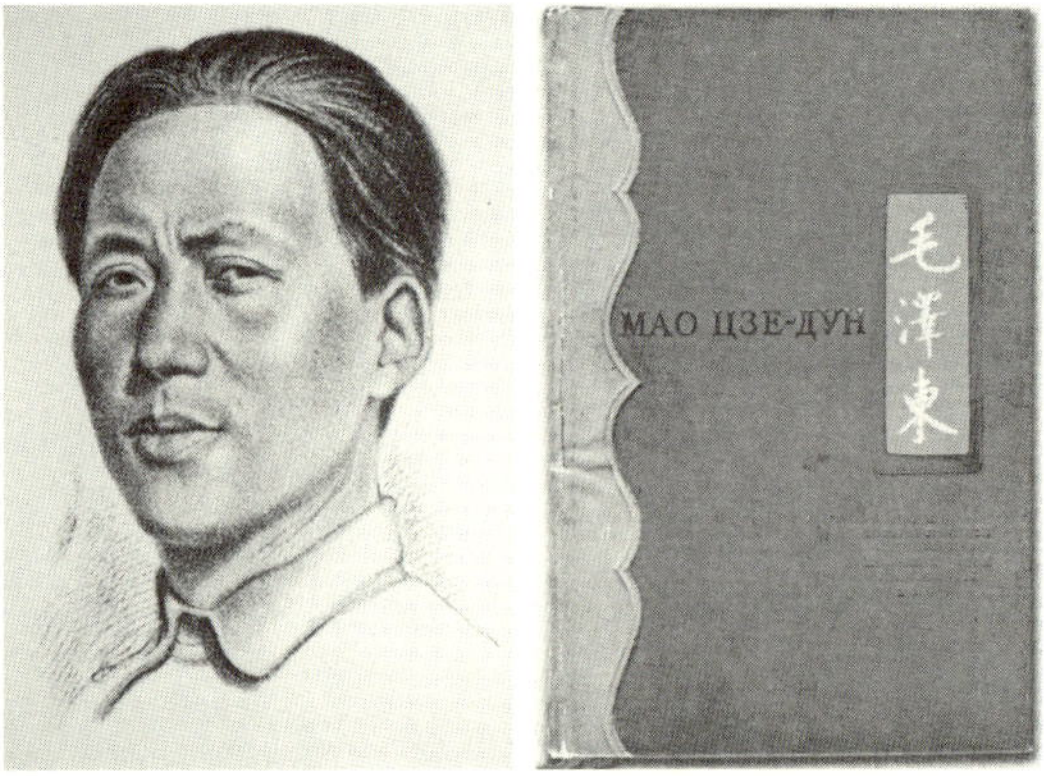

図68 ソ連で出版された『毛沢東—略伝』の表紙と同書所収の毛沢東像

クワの国家政治図書出版社から刊行されている。表題はエレンブルグの毛伝とよく似ているが、別内容である。この評伝は分量にして一〇一頁、書中いたるところに、毛にたいする共産党流の賛美の言葉が見える。曰わく「傑出した革命指導者にして、天才的戦略家」、「全身全霊で人民のために尽くす者」等々。その大げさな賛辞に釣り合わせるかのように、本そのものも青のクロス張り、その上に赤地に白抜きの漢字で「毛澤東」の三文字が配されているという豪華な作りで、毛の肖像画をはじめとして、『赤い星』由来の写真も多数収録されていた（**図68**）。この書の中核をなす毛の半生の記録——もちろん、モスクワの都合の良いように脚色されていた——が、『赤い星』に依拠したものであったことは、言うまでもない。

もっとも、前述のように、スノーの名前や『赤い星』の詳細を示すことは、憚られることだったから、本書の成り立ちについて、序文は単に「一九三六年にあるアメリカ人記者が記録した毛沢東の談話を基礎とした」伝記と説明していた。

これ以降も、ソ連では毛沢東の伝記がさまざまな形で発表されたが、いずれの伝記も、スノーの取材に依拠した部分については、単に「毛沢東が自ら語るところによれば」、あるいは「毛沢東としばらく生活を共にしたことのあるアメリカの記者によれば」と記すにとどめる一方、毛を形容するに、「鋼鉄の意志を持つ」「真のボリシェヴィキ」、「中国人民の忠実なる息子」といったお決まりの枕詞を連発していた。これが、コミンテルンにとっての、つまりはソ連にとっての望ましい毛沢東だったわけである。

このような引用しかできないソ連の体制を、スノーは受け入れられなかったし、逆にかれが反発すればするほど、ソ連はスノーへの警戒を強めた。一九三九年時点でコミンテルンは中共に対し、スノーとトロツキストとの関係を理由に、スノーを信頼しすぎないよう警告している。興味深いのは、その忠告を受けた中共も下部組織に向けて、時に有害な報道をするスノーと関係を断つように指示したことである。その後に一時顕在化する中共とスノーの溝の発端は、このあたりにあるのだろう。

第七節　戦前・戦中日本での『赤い星』

「禁圧」されたルポルタージュ？

『赤い星』の日本語完訳は、戦後を待たなければならない。一九三八年の河上肇（治安維持法違反による服役ののち、一九三七年出獄）のように、『赤い星』を原書で読んで感動した者は、日本の知識人にもいたが、それはあくまで一握りだった。

ようやく日本語版が出ることになった一九四六年に、スノーは「日本語版への序」の中で、戦前日本での『赤い星』の翻訳について振り返り、「かつて一九三七年日本の一雑誌（中央公論——訳者（宇佐美誠次郎））が本書を連載しはじめたが、数回出ただけで公表はたちまちに禁圧されてしまった」と述べている。スノーと宇佐美がここで言及しているのは、『中央公論』一九三七年一一月号に掲載された毛沢東「自叙伝」とスノー「行程二万五千支里」、および同誌臨時増刊（一九三七年一二月）に掲載されたスノウ「中国共産政府の基地を衝く」のことだろう。スノーは、「たちまちに禁圧」されたと言うが、三つの文章とも単発の掲載であり、伏せ字こそあるものの、途中で連載が禁圧されたという形跡はない。

戦前日本における禁圧を強調するスノーの証言があるせいか、スノー著作の翻訳は難しかったような印象を持ちがちだが、実際には一九三七年だけでも（つまり『赤い星』原書刊行前後）、かなりの文章が日本の雑誌に訳載されている。その一例は、太っちょ毛沢東と波多野乾一の中共研究について論じた第四章で見たとおりだが、一九三七年における翻訳状況を一覧表にまとめれば、**表3**のようになる。

この中には、外地の日本語雑誌（『上海』『支那情報』）や内部発行資料（外務省情報部の『情報部資料』）も含まれているが、中共支配地区に潜入し、毛への単独取材を成し遂げたスノーが、かなりの注目を集めていたことが知れよう。ただし、毛のごとき悪党の自伝や甘言に騙されてはならないという識者の声も根強かった。例えば、「支那通」作家として名を馳せていた村松《むらまつ》梢風《しょうふう》の評などは痛烈である。

過日日本の二大雑誌（『中央公論』『改造』）に載った毛沢東の自伝を読むと……、かういふことは心ある者が読めば大マヤカシであることは直ちに看破出来る。……要するに朱徳にしても、毛沢東

表3 1937年に翻訳されたスノーの報道記事一覧

年月	雑誌名、巻号	文章タイトル	原載
1937.1	上海、965号	スノー「毛沢東会見記／中国の進むべき道は孰れか」（寺内登訳）	Snow, Interviews with Mao Tse-tung, Communist Leader, *China Weekly Review*, Vol.78, No.11-12, Nov.11, 14, 1936.
1937.2	支那情報、2巻4号	スノウ「西北ソビエット区の踏査報告」（山崎壽比古訳）	Snow, The Reds and the Northwest, *Shanghai Evening Post & Mercury*, Feb. 3-5, 1937.
1937.3	上海、967号	スノー「西北ソヴエート区域を探る」（児島博抄訳）	Snow, The Reds and the Northwest, *Shanghai Evening Post & Mercury*, Feb. 3-5, 1937.
1937.6	改造、6月号	スノー「中国共産党領袖 毛沢東会見記／中国共産党の対日政策」	Snow, Interviews with Mao Tse-tung, Communist Leader, *China Weekly Review*, Vol.78, No.11-12, Nov.11, 14, 1936.
1937.7	世界知識、7月号	スノー「支那共産軍の本拠を衝く」（蘆田多寧抄訳*）	Snow, The Truth about "Red China", *Daily Herald*, Dec.31, 1936 - Mar.17, 1937からの抄訳；写真は *Life*, Vol.2, No. 4, Jan. 1937より複製
1937.10	日本と世界、132号	スノー「ソヴイエット支那を訪れて」	Snow, Soviet China, *New Republic*, No. 1184-1187, Aug.-Sep. 1937.
1937.11	中央公論、11月号	毛沢東「自叙伝」	The Autobiography of Mao Tse-tung, *Asia*, Jul.1937-
1937.11	中央公論、11月号	スノー「行程2万5千支里」（永井直二訳）	Snow, Soviet China, *New Republic*, No. 1184-1185, Aug. 1937.
1937.11	改造、11月号	スノー手記「毛沢東自叙伝」（長谷川了訳）	The Autobiography of Mao Tse-tung, *Asia*, Jul.1937-
1937.12	中央公論、臨時増刊	スノウ「中国共産政府の基地を衝く」（大江専一訳*）	Snow, I Went to Red China, *Saturday Evening Post*, Nov.6, 1937.
1937.12	情報部資料、531号	スノー「中国共産党ノ西遷」	The Red Army in Action, *Asia*, Oct. 1937; The Long March, *Asia*, Nov. 1937.
1937.12	外国の新聞と雑誌、391号	スノウ「赤色支那にありて」（小田訳）	Snow, I Went to Red China, *Saturday Evening Post*, Nov.6, 1937.

*蘆田多寧と大江専一は同一人物

にしても、正直な一部の日本人が想像するやうな立派な人間でも傑物でもない。……朱徳、毛沢東の輩は、共産主義を汚すところの極めて悪質の土匪である。……我が国の識者が、真相を滅却して毛沢東ごとき奸悪の自伝を読んで万一にも誤まられることの影響を恐れる次第である。(『中央公論』臨時増刊号、一九三七年十二月)

どうだろう。『マオ』の著者ユン・チアンを待つまでもなく、すでに発表当時に毛の「まやかしぶり」を見抜き、それに警鐘を鳴らしていた「支那通」が日本にいたことを我々は喜ぶべきなのか……。『週報』に載った例の写真も、そんな村松のような目から見れば、むしろいかにも「悪質の土匪」たる毛や朱にふさわしいものに映ったかも知れない。ともあれ、これが典型だったとは言わないが、スノーの取材記事のうち、毛の自伝を読んだだけで眉をひそめる識者も、それなりにいたわけである。

戦前の二種の翻訳

では、これら記事を集成した『赤い星』はどうであったか。確かに戦前・戦中には『赤い星』の完訳は出版されなかったが、少なくとも二種の翻訳があったことが確認できる。一つは、『日本読書協会会報』二一四、二一五号(一九三八年八、九月)に連載された四方帰一《しかたきいち》訳「赤色支那を探る」である。『日本読書協会会報』は会員制の新刊洋書翻訳雑誌で、毎号二五〇~三〇〇頁の分量があり、その中で三~四冊の洋書の抄訳が掲載されていた。新刊の洋書を翻訳・紹介するこの雑誌に、ランダム・ハウス版初版からの抄訳が掲載されたのである。分量は『会報』のページに換算して一三〇頁あまり、相当圧縮されてはいるが、大事な部分はしっかり訳されており（伏せ字は一切なし）、中国人名・地名の同定にも、専門家の協力を仰いだ形跡がある。ただし、写真類は一切収録されず、原著の最終部「再び白色地域へ」（西安事変や共産党の活動全般を展望した部分）は、翻訳されなかった。

『日本読書協会会報』が「赤色支那を探る」を訳載したさいに付した紹介者のコメントも興味深い。著者のスノーが「排日的なヂャーナリスト」であり、反国民政府・親共産党であることを紹介しつつも、

かと言ってスノーは、共産主義でも、マルクス主義でも、トロツキー主義者でもないらしい。謂はばその同情者と見るべきだらうが、然し聞くところによると、ソ聯や米国の左翼仲間の間でも、ヂード的傾向を帯びたものとして、スノーの評判左程芳しくはないのださうである。

と述べ、その証左として、書中に「ソ聯及びコミンタンに対する「あてこすり」」の表現が散見すると指摘していた。「ヂード的傾向」の「ヂード」とは、フランスの文学者アンドレ・ジッド（A. Gide）のこと。共産党シンパと見られていたジッドは、一九三六年のソ連訪問後に発表した『ソヴィエト紀行』で、スターリン体制に反対する姿勢を鮮明にしたため、左翼党派・文化人から猛烈な非難を受けていた。紹介者によれば、同様の傾向がスノーにも見えるというのである。

「ソ聯及びコミンタンに対する「あてこすり」」が左翼党派の『赤い星』批判につながり、スノーが修

訂版を出して対応したことは、すでに述べた通りである。『赤い星』を単なる潜入記や共産党礼讃記と見なすのではなく、左翼党派の文脈の中に位置づけようとする点は、この紹介者の深い洞察力をうかがわせる。その意味では、抄訳とはいえ、エッセンスを十分にくみ取った『赤い星』の最初の日本語訳が、限られた会員向け雑誌に掲載されるにとどまったことは、日本にとって不幸なことであった。

参謀本部刊の『赤い星』

日中戦争時期に出された『赤い星』のもう一つの翻訳は、さらに限られた読者のためのものであった。日森虎雄訳『中国共産党研究資料　西行漫記』（第一巻、参謀本部、一九四〇年）である。参謀本部発行の『赤い星』訳本があるらしいことは、戦後に『赤い星』が改めて翻訳されたさい、訳者の宇佐美誠次郎が言及していたが、それがこの日森訳である。日森虎雄は、戦前に上海を中心に活動した中国共産党問題の専門家で、今風に言えば、中共ウォッチャー兼情報屋である。

日森の翻訳は、影佐禎昭《かげささだあき》率いる陸軍情報機関、いわゆる影佐機関の依嘱によって行われたものだった。中国の政治情勢全般にアンテナを張り巡らせていた同機関は、中共の情報を仕入れるために、日森に翻訳を依頼したものと見られる。翻訳は英語版ではなく、中国語版『西行漫記』を底本にして行われたが、一九四〇年末に出たと見られる第一巻は、原書の第一〜四部、つまり毛沢東自述の部分までを全訳したものである。第一巻ののち、予定された第二〜三巻が実際に刊行されたかどうかは定かでない（恐らくは、刊行には至らなかったと見られる）。

本書でたびたび登場願っている波多野乾一に言わせれば、日森は「遊侠」ながら、「直感のするどい男で、中国共産党が将来とんでもないものになるという見込み」のもと、「中共資料の翻訳に一生を捧げた」というから、その仕事のひとつが陸軍情報機関から依頼されたこの翻訳でもあったのだろう。ただし、日森訳本は、あくまでも日中戦争処理のための研究資料という扱いであり、「思想的性質上一般外部には公表せざるものに付取扱ひに留意」するよう求められていた。表紙に「極秘」の二字を刻されたこの本は、そもそも流布しないように出された内部資料であり、日本の敗戦と日森の死去ののちは、ほとんど忘れ去られてしまうことになる。

以上述べたように、日中戦争勃発の前後、スノーの著作自体は決して禁圧されたわけではなかった。国民党と合作して日本と戦う姿勢を見せる中共とその知られざる首領へのインタビュー記録は、世界的に見ても一大スクープであり、日本でもかなりの関心を呼んだと言ってよいだろう。ただし、『赤い星』の全訳を許すような寛容性は、日中戦争の泥沼化と思想統制の強化の中で、出版界から急速に失われてしまう。一九三八年であれば、会員向けという限定付きながら、抄訳が刊行される余地はあったものの、その二年後には――むろん参謀本部という特殊な発行元という要因はあるが――「一般外部には公表せざるもの」という指定を受けるに至るわけである。

あえて繰り返すが、『赤い星』の翻訳史を見る限り、日本は敵をよく知らぬまま、中国との戦争を続けていたと言えそうである。むろん、日本が中共をどの程度まで、まともな敵と見なしていたかについて、あるいは八路軍に代表される共産党系の部隊が日本軍にとって、どの程度の脅威であったかについては、議論がわかれるであろうが。

第八節　戦後日本での『赤い星』

宇佐美誠次郎の翻訳

大状況としては、中共を敵と見なす政治状況は、敗戦後も日本では変わらなかった。占領下の日本では、今度はアメリカの意向によって、中共の動向や歴史を好意的に紹介する文章や書籍に、様々な制限・圧力が加えられたからである。『赤い星』の翻訳も例外ではない。戦後日本で『赤い星』の翻訳に着手したのは、戦時中から原書を愛読していた社会経済学者の宇佐美誠次郎《うさみせいじろう》（一九一五〜九七）だった。失業中だったかれは、戦争が終わるや友人杉本俊朗と『赤い星』の翻訳にかかり、早くも一九四六年末に『中国の赤い星』上巻を東京の永美書房から出版した（底本は原著一九四四年版。翻訳に当たっては『西行漫記』を参照。スノーは「日本版への序」を寄せている）。だが、上巻の刊行後にＧＨＱの検閲・規制を受け、下巻は校了まで行ったものの、結局公刊を許可されなかった。アメリカ本国では問題なく出版されていた『赤い星』も、共産党が攻勢を強め、ＧＨＱがそれへの警戒をあらわにしつつあった占領下の日本では、不適当な書物とされたのだろう。

ただし、完成していた宇佐美らの下巻の訳稿は、内々に刊行されたようである。「中国文芸愛好会」の名義で出された『中国の赤い星』（裏表紙に「非売品、会員配布価格一八〇円」とある以外、訳者や出版社、発行日など書誌に関する情報はなし）がそれである。この『赤い星』には上巻とも下巻とも表示はないが、内容は宇佐美・杉本訳『赤い星』の下巻に相当している。他方で、宇佐美は占領終結後、一九五二年に改めて筑摩書房から『赤い星』の全訳を刊行するが、その後半部分の訳文は、中国文芸愛好会の『中国の赤い星』と一致する。中国文芸愛好会版の『赤い星』が、検閲によって出せなくなった宇佐美・杉本訳『赤い星』の下巻を非売品扱いにして、有志に頒布したものであることは明白である。

一九四六年に出た『赤い星』日本語版については、学術雑誌の書評（岩村三千夫執筆、『歴史評論』一九四七年五月号）も、同様にＧＨＱの検閲により、部分的に削除させられている。さらには発禁が原因で、出版元（永美書房）も倒産してしまったと言う。これが新生日本での『赤い星』の境遇であった。その後、占領が終わった一九五二年、『赤い星』は原著初版から十五年後に、ようやく完訳公刊の時を迎える。筑摩書房刊の宇佐美誠次郎訳『中国の赤い星』である。底本は永美書房版と同じく一九四四年版、かな遣いは改められているが、中身は先に触れた通り、永美書房・中国文芸愛好会版と同じである。その後同じ筑摩書房から一九六四年に、宇佐美訳『新版　中国の赤い星』が出ているが、底本を変えた新訳ではなく、旧訳の誤訳を若干改めた程度に過ぎない。革命中国が多くの知識人、学生にとって、憧憬の的であった当時、『赤い星』は中国と毛を知るためのバイブルであった。

誰が『赤い星』を訳すべきなのか

一九六八年に英語版『赤い星』の拡大修訂版が出ると、日本でもそれに合わせて改訳版が出た。一九七二年に筑摩書房より出版された『エドガー・スノー著作集』の第二巻『中国の赤い星』（増補改訂版）である。この「増補改訂版」、出版元は引き続き筑摩書房であったが、訳者は松岡洋子に替わった。本来なら、前回同様に宇佐美が翻訳に当たるべきところ、そうはならなかったのには、文化大革命以来の日本の日中友好運動の分裂が影を落としていたと見なければなるまい。分裂の結果、毛の著作やスノーの名著などは、中国に近い（すなわち文革を支持する）立場の人間が翻訳に当たるべきだとの空気が、日本の出版界・文化界に広がることになった。かくして、それまでに『目覚めへの旅』や『今日の中国――もう一つの世界』といったスノー著作を翻訳したことがあり、かれと面識もあった松岡が、中国により近い友好人士として『赤い星』の翻訳を担当することになったのであろう。

当然に、宇佐美はこれに不満であった。後年のインタビューのさいにかれは、「関係者が「正統本部」以外のものにスノウの翻訳を許すわけにいかん、というのかもしれませんが。私はいまだにまったく了解していません」と述べ、「正統本部」すなわち日中友好協会（正統）の関係者であるか否かが訳者変更の原因であったと見ている。文革への対応をめぐって分裂した日本の日中友好団体にあって、文革支持派は日中友好協会（正統）を名乗っていたのである。筑摩書房の『エドガー・スノー著作集』は、スノーの死去をうけ、日中国交回復の一九七二年、まさに中国ブームのさなかに企画・出版されたものである。文革はなお終わっていなかった。そのさい、この名作の晴れの翻訳者は、革命中国の理解者にして長年日中友好運動に取り組んできた人間でなければならなかったのだろう。そうした当時の空気の中、『赤い星』は文革を経てなおも続いている中国革命の今を知るために読むよう期待されていた。

当時の原書最新版、すなわち一九六八年版を底本として翻訳された『赤い星』（増補改訂版、筑摩書房）は、その後、小改訂の上で『中国の赤い星（増補決定版）』と銘打たれ、一九七五年に筑摩叢書の一冊として単行本発行された。この増補決定版は、のちに「ちくま学芸文庫」の一冊として一九九五年に文庫版になり、今日に至っている。「学芸文庫」に収められたということは、まさに同書が本屋の売り場においても、古典としての位置を占めたことの表れである。

文庫版が出て二カ月余りのち、『毎日新聞』読書欄の「私が選んだこの一冊」コーナーで、『赤い星』を挙げるドキュメンタリー映画監督がいた。一九五〇年代に読み、文革時期に訪中した後にもう一度読み、その後も事実を伝える仕事をする上で、大きな影響を受けた本だということであった。この頃になると、中国を理解することもさりながら、ドキュメンタリーやルポルタージュは如何にあるべきかという視点で読まれることが多くなっていったのかも知れない。おりから、毛の死とその後の改革・開放政策への転換、そして一九八九年の民主化運動の弾圧によって、中国の現実は『赤い星』が描いたものとはあまりにもかけ離れてしまったことが、誰の目にもあきらかになっていた。

今でも『赤い星』が新聞・雑誌で取りあげられることはポツポツある。ただし、出版元の筑摩書房によれば、叢書版も文庫版も、長期にわたって品切れになったままだという。

おわりに

読まれなくなった名著

エドガー・スノーの『中国の赤い星』と聞いて、ジョン・リードの『世界をゆるがした十日間』と双璧をなす革命ルポルタージュの古典だと答えられる人は、今どのくらいいるだろう。かたや毛沢東と中国革命、こなたレーニンとロシア革命、ともにその輝きは失われて久しく、『赤い星』もずいぶんと色あせた感が強い。一九三七年にあっては、それまでの共産党像を根底からひっくり返すほどのセンセーションを引き起こし、今日なお第一級の資料であるという事実は変わらないものの、古典としての『赤い星』の価値は、この三、四十年ほどの間に大きく減じてしまった。はたして、この古典は中国でも外国でも、最近ではほとんど読まれていないらしく、昨年に筆者が北京大学で、毛についての講演をしたさい、会場の学生に尋ねてみたところ、読んだことのある者は、ほとんどいなかった。事情は上海の大学でも、日本の大学でも、似たり寄ったりである。

かつて、『中国の赤い星』を「古典」と呼んだのは、アメリカ中国学の巨人、J・K・フェアバンクである。一九六一年にかれは、同書の古典たるゆえんを、「毛沢東とその同志たちについて……初めて一貫した歴史を提供したばかりか、ほとんど未知であったこの運動の将来の展望を予告」して、「それがおそろしいほどに的中した」こと、「つまり歴史の記録として、また一つの潮流を示唆するものとして、時の試練に耐えたこと」と説明している。その時点では確かにその通りであっただろうが、それからさらに半世紀ほどの間に、今度はその「運動の将来の展望」の「予告」や「示唆」が意味をなさなくなるほどに、毛や中国共産党にたいするイメージや評価は激変してしまった。

『赤い星』ちくま学芸文庫版に解説を書いた加々美光行《かがみみつゆき》によれば、戦後のある時期まで、『赤い星』はいやしくもアジアに関心を寄せるほどの若者ならば、読まずに済ますことはできないバイブル的著作」であったものの、毛の死、文化大革命の終結、改革・開放時期と民主化運動の弾圧などを経て、一九九〇年代以降の読者は「再び『赤い星』を読み返すと、当時にはなかった新たなこだわり」や疑念が自身の中に生まれていることに気づかされるだろうという。また、中国の女性作家宗璞《そうはく》も、一九九〇年に発表したそのエッセイで、『西行漫記』の影響の大きさを回顧する一方、「もしもスノーが今まだ生きていたら、もっとぐっと屈折した別の本を新たに書いたのではなかろうか」と述べている。いずれも、『赤い星』はさらなる半世紀の時の試練には耐えられなかったというニュアンスである。もっともその場合、そうした「試練」に耐えられなかった責任は、『赤い星』にあるのか、激変してしまった中国にあるのかという、ある意味でより根源的な問いが出てくるであろう。

だが、その答えがいずれであるかに関わらず、かつてこの書をある種の感動とともに読んだ人も、中国を知るための教養書として読んだ人も、世界をおびやかす「脅威」とまで言われるようになった今の中国を知るために、この本をもう一度めくることはあるまい。そうである以上、毛沢東や中国革命にそもそも関心のない、より若い世代が、中国や世界に関する何らかの展望や示唆を期待して『赤い星』を読むことなど、ほぼあり得ないのだ。別の言い方をすれば、今やこの「古典」には、そうした従前の読み方とは違う向き合い方が求められているのである。

『赤い星』の面白さ

わたしが『赤い星』を読んだのは、大学に入学（一九八二年）した後のことだが、具体的に何時かは思い出せない。中国の近現代史に関心を持って北京大学歴史系に留学したのは一九八四年九月、帰国したのは八六年夏である。留学の前に読んでいた気もするが、本当にそうだったかと言われると自信がない。たしか一九八三年あたり、大阪の中国語講座で一緒に学んでいた主婦の方が『赤い星』の魅力を語ってくれたので、それがきっかけで購入（松岡訳の増補決定版）したのではないかと思うが、すぐに読んだのだったか、ハッキリとしない。名著なのに、こんなふうなボンヤリした印象しかない理由は、『赤い星』が期待したほど面白くは感じなかったからではないかと思われる。正直言って、面白かったのは毛沢東の自伝部分だけで、ほかはさして記憶に残らなかった。取材にさいしてスノーが感じたであろう驚きも興奮も、わたしにはほとんど響いてこなかった。けだし、中国や世界についての展望や示唆を期待したり、あるいは自分と中国との向き合い方を模索したりするような読み方は、中国留学を考えるわたしのような大学生においてすら、成り立たなくなっていたのである。

だが、その後に中国の近現代史や共産党史を本格的に研究するようになり、大学の授業の教材として読み返してみると、今度はたいそう面白く感じるようになった。書いてある中身もさることながら、この本はいったいどんな取材で書かれたのだろう、共産党や毛はどんなもくろみで取材に応じたのだろうという、ある意味とても現実的なことに関する興味が湧いてきたのである。さらに、同時代資料なのだという目で見ると、ルポルタージュであることの面白さもわかってきた。

謎に包まれていた共産党の根拠地をスノーが一九三六年夏に初めて訪れた時、共産党やその首領・毛沢東がその後にどうなっていくのかを予想し得た人はいなかった。また、スノーが盧溝橋事件直後に『赤い星』を脱稿した時、日中の戦争がその後八年も続き、さらには中国が勝利するなど、かれ自身も見通せてはいなかったろう。同時代人によるルポルタージュの面白さは、結末を知らない人間が書いているという点にこそあるのだと思い至ったのである。そして、こう考えた。共産党や毛の「試合結果」を知っているからという理由で敬遠されるには、この本はあまりにも惜しいではないか、と。

かくて、スノーの生前には明らかにされなかった取材する側、される側の事情を検証し、毛沢東や中国革命についてのイメージがどのようにして生まれたのかを探るという読み方も、その条件が整っている今ならできるような気がしてきた。つまり、中国現代史、中国共産党史、毛沢東にかんする一級の資料として『赤い星』をとらえ、スノーの取材と『赤い星』の執筆、出版を現場に置き直してみることはできないかと思ったのである。フェアバンクは『赤い星』について、同書が伝える内容もさることながら、スノーの取材と出版自体も、中国現代史上の一大事件であると述べているが、それならなおさら『赤い星』自体を掘り下げることができるのではないか。本書はそんな動機で構想したものである。

スノーと波多野の違い

『赤い星』に至る取材と執筆の経過を調べていくうちに、わたしの関心は、その『赤い星』が出るまで、毛はどんな人間だと思われていたのかにも広がっていった。いわば、「赤い中国」に行く前のスノーの立場に、自分を置いてみる必要があると感じたわけである。そんな風に考えて『赤い星』以前の地層を掘ってみたところ、発掘されてきたのが、本書前半に示した面白い毛の肖像群であった。さすがに玉を発掘できるとは思っていなかったが、これほど変わった瓦や石が出てくるとは思いもよらなかった。見方によっては、本書の前半はこうして出土した玉石混淆の特別展である。まさに、それらが整理されぬまま、あちらこちらに破片のように散らばっていたのが、一九三六年の取材をするまで、スノーの前に広がっていた光景であったわけである。そして、同じ光景は、日本の中共問題の専門家・波多野乾一の前にも広がっていたはずである。

その同じ光景を前にして、波多野はなおもコツコツと破片集めを続けることで毛の姿に迫ろうとし、スノーはカメラとフィルムを担ぎ、我が目で毛の正体を確かめようとした。一九三六年八月、波多野は上海を訪れて資料の収集にあたったが、その同じ頃、スノーは「赤い中国」に入って毛と相まみえていた。それまで、中国や共産党にかんする知識や情報で言えば、波多野の方が勝っていたかも知れない。本書は一九三六年以前の毛の肖像などを、「知られざる毛の初期イメージ」と銘打って紹介したが、波多野に言わせれば、そのかなりの部分は、当時すでに知っていたものだっただろう。

だが、スノーは毛を発見し、波多野は発見できなかった。その違いは、ジャーナリズムの世界では決定的である。スノーの『赤い星』は、その「古典」としての地位がいささか揺らごうとも、ルポルタージュの金字塔でありつづけている。それにたいして、波多野の中共研究は、『赤い星』の輝きのもとでは、せいぜいが努力賞でしかない。毛を知ろうとする者が、『赤い星』を読むことはあっても、波多野の「『赤豹』毛沢東伝」を読みはしないだろうということが、全てを物語っていよう。簡単に言えば、行動によって正しい情報を得た者は報道の勝者・成功者であり、それができず誤った情報を流してしまった者は、やがて見向きされなくなってしまうのである。

もっとも、報道の勝者・成功者も永遠に安泰ではない。先にも見たように、今やスノーは、毛や共産党を発見したかも知れないが、かれが発見したのは毛らの真の姿ではなかったという批判に晒されているではないか。正しい報道とは何か、発見・報道されるべき真の姿とは何か、そして取材にもとづくルポルタージュはどれほどの期間「試練に耐える」必要があるのか、報道した対象が大きく姿を変え、ルポルタージュで描いたものとは似ても似つかぬ代物となった時、ジャーナリストはどこまで責任を問われるのか、あるいはそもそもそんな責任を負わねばならないのかどうか……。『赤い星』に関して言うならば、それが名著であり古典であるがゆえに、問われるべき事柄は、なお多いと言えるだろう。

一方で、「時の試練に耐えた」かどうかを云々する以前の水準と言わざるを得ないのが、例の太っちょ写真である。冷静な目で評価を下すならば、その写真は毛や中国共産党を知るという点に限定すれば、ほとんど意味をもたない。せいぜいトリビアルな物珍しさで、我々を「ヘェー」と言わせるくらいだろう。ただし、『赤い星』に限らず、歴史上の他の人物でも、有名になる前は、あるいは有名にならなければ、皆せいぜいこんなふうだったのではないかと考えると、簡単に波多野を敗者、あるいは反面教師に仕立て上げて、幕引きにしてしまうことはできないだろう。

正直言って、わたしは波多野を責める気になかなかなれない。同じく中共の歴史を研究する後輩としてかれを弁護するならば、言葉は悪いが、相手が悪かった。天地人の奇跡的バランスに味方された当時のスノーが相手では、日本における中共研究の第一人者たるかれといえども、勝ち目はなかっただろう。ただし、それだけではあるまい。外務省の禄を食んで中共を研究するということは、例えばスノーの取材を知りながらも、あるべき「広報」の観点からそれを一時隠蔽するという「方便」を伴うのであって、それを「業務」とするかれには、スノーのようにこちらの世界とあちらの世界を隔てる一線を越えるということは、到底できなかった。中国関連の本がギッシリと並ぶ東京世田谷のかれの書斎から、毛沢東のいる陝北までの距離は、実際よりもはるかに遠かったのである。

太った毛の写真

最後にエピソードをもう一つ。戦後になり、日本でスノーの『赤い星』が翻訳されるようになった時、訳者がぶつかった問題は、英語表記の中国人名、地名を漢字にすることだった。これには上海で出版された中国語版『西行漫記』が助けとなるのだが、戦後間もなくの日本では、簡単に見られる本ではなかった。そんなとき、翻訳者の宇佐美誠次郎に『西行漫記』を貸したのは、波多野だった。宇佐美はそのことを「訳者あとがき」で触れて、感謝している。さすがは波多野、ちゃんと持っていたのである。

その『西行漫記』には、毛の写真が載っている。本書で書いたように、英語版『赤い星』では、毛の写真は野暮ったい田舎者風の写真（図5）だが、中国語版の『西行漫記』では毛の写真は、紅軍の帽子をかぶった精悍な顔立ちのもの（図6）に差し替えられていた。『西行漫記』を持っていた波多野は、きっとその精悍な毛の写真を見ていたに違いない。あるいは、それが英語版で使用されているものとは違うということにも、気づいていたかも知れない。その時に波多野の胸に去来するものは何だったか。かつて『週報』に載った（載せた）太っちょ毛沢東の写真のことが脳裏をかすめはしなかっただろうか。

波多野は「『赤豹』毛沢東伝」以後も、「延安水滸伝」（一九四〇年、ちなみに毛は宋江になぞらえられている）、『毛沢東と中国の紅星』（一九四六年）をはじめとして、毛沢東の伝記類を何篇か執筆しているが、その後に毛の例の写真についてコメントした形跡はない。恐らく、かれ自身もまた太っちょ写真の主が誰なのか、最後までわからなかったに違いない。逆に言えば、誰かわからないような人物だからこそ、「謎の人物」毛沢東の写真だという説明が受け入れられたわけで、そうであれば、この人物の特定をすることは、今の我々にも容易ではないはずである。本書を結ぶにあたって、あえて読者諸氏に「指名手配写真に心当たりの方は、是非ご一報を」とお願いするゆえんである。

エレンブルグ「毛沢東——略伝〔Мао Цзе-дун — Очерк〕」

『国外〔*За рубежом*〕』三一号、一九三四年十一月

一九一九年、湖南省長沙——革命派の学生サークルの会議——中国の進歩的知識人、若き学生の代表たちは、ヴェルサイユ講和会議での中国指導部の裏切りの政策に憤慨した。

世界大戦への参戦は中国が独立国家になる一助だと予測した中国の政治家たちの希望は、粉々に砕かれた。西方から、つまりロシアから十月に熱い風が吹いてきた。ロシアの労働者と農民の勝利は、中国における革命勢力の背中を力強く後押しした。広範な民族解放運動が始まった。

湖南の社会主義学生組織の会議

油紙の傘を手にした農民風の痩せた背の高い青年が入って来た。青年は部屋の隅に腰を降ろして、自分が設立した靴下の手工業工房について話を始めた。

「自由な中国のために、賄賂を受け取っている軍閥と戦う我々学生は、何もせず座っていてはならない。学生と労働者からなる工場を建てなければならない。我々は街に、革命活動のために役に立つ書店を設けなければならない。その資金はどうするのか。それを手に入れるためには、あらゆる可能性を利用しなければならない。もし我々の闘争に役立つのであれば、譚延闓将軍からの援助も拒否してはならない。革命闘争のためには、巧みな戦略が必要であり、すべての可能性を利用し、一時的な協力者とわかっていても、それを拒絶しない能力が必要である。」

油紙の傘を手にした農民姿の青年こそは、現在、反革命勢力がその首に十万ドルの懸賞金をかけている、後の中華ソヴィエト共和国中央執行委員会主席、毛沢東同志であった。

一九二一年七月、上海で小さなグループが会議を行っている。それは、中国共産党の第一回大会だった。

毛沢東同志は、湖南省で革命派の学生と進歩的労働者か

らなる共産主義組織が結成されたと語った。中国共産党の最初の中央委員が選出され、毛沢東自身もそのメンバーだった。大会の後、毛沢東は、湖南省の郷里へともどった。

毛沢東は、湖南省委の初代書記であると同時に、週刊の革命雑誌『新湖南』の編集者をつとめていた。間もなく、毛沢東は人生における「革命家」としてのスタートを切った。つまり、当局がかれの逮捕を命じたのである。彼は北平〔北京〕へと逃がれ、そこで逮捕されたが、警察は彼だと気づかず釈放し、彼は武昌へと移った。

一九二五年、中国革命の波はますます高まった。中国南部の広州で、孫文の国民政府は、帝国主義と反動的軍閥に対する戦いを宣言した。中国国民党は改組され、中国共産党もそこに加わった。毛沢東は、国民党の中央執行委員会のメンバーであり、中央宣伝部代理部長であった。それと同時にかれは、農業問題に熱心に関わり、農民協会の組織化を指導した。

北伐

国民革命軍は、反動的な将軍の軍隊を撃破した。国民政府の権力は華南だけでなく、華中にも拡大した。国民政府は広州から武漢へと移転した。

この時期、毛沢東は湖南と湖北の農民運動のリーダーであった。農民は各地で地主から土地を奪い、地主の屋敷に火を放ち、地域での自分たち自身の権力を組織していた。反帝闘争における一時的な同盟者たる民族ブルジョアジーは革命を裏切り、蔣介石将軍は上海占領ののち、一九二七年四月十二日に、労働運動に対する血の弾圧を開始した。

蔣介石の裏切りの後、共産党との合作を継続した国民党のリーダーたちは、ますます動揺するようになった。汪精衛〔汪兆銘〕は、懲罰部隊による農民の鎮圧にとりかかった。毛沢東は農民の中にいた。かれは農民たちとともにいて、戦いの中心にいた。

陳独秀を頭とする中共指導部は、反動的な将軍たちが農民と戦うことを事実上、放置した。陳独秀は、コミンテルンの指示を実行しなかった。毛沢東は、陳独秀と当時の共産党指導部多数派の政策に対し、最初に戦った党の活動家の一人であった。

「目下の農民運動の盛り上がりは、極めて大きな問題である。いまやごく短期間に、何億もの農民が中国の各地で立ち上がろうとしている。……かれらは、自分たちを縛り付けている一切の束縛を打ち破り、解放への道をまっしぐらに駆けようとしている。〔……〕あらゆる革命の党、革命の同志は、みなかれら〔農民〕の前に連れてこられて、かれらの取り調べによって受け入れられるか否かが決定されるだろう。」

当時、毛沢東は、輝かしいパンフレット『湖南の農民運動』〔湖南農民運動考察報告〕で、以上のように記していた。中国革命は、土地を求める農民闘争の展開なしに勝利はあり得ないし、帝国主義との一貫した戦いが農民革命の発展を伴うということを、中国共産党の指導者の大部分は理解していなかったし、理解しようともしなかった。毛沢東は次のように書いている。

「すべての革命の同志は知らねばならない。国民革命は大きな農村の変動を必要とすることを。辛亥革命はこの変動がなかったから敗北したのだ。」〔湖南農民運動考察報告〕

一九二五～二七年の革命の敗北

国民党左派が裏切った。汪精衛は蔣介石のもとへと去った。陳独秀と共産党中央委員会の多数派は破綻した。過酷な白色テロと共産党員の大量処刑の時代が始まった。

毛沢東は降伏することはなかった。

一九二七年八月一日、葉挺と賀龍という共産党員の指揮により、南昌でいくつかの国民革命軍部隊が蜂起を起こした。南昌のブルジョアジーから賠償金を徴収し、銀行から百万ドルほどを没収し、革命軍は広東へと南下した。

この時期、江西北部にいた毛沢東は、多くの共産党員を抱える張発奎師団の盧徳銘将軍の警備連隊に潜入し、共産党員を組織し、その軍隊をまるごと連れ去り、戦いを繰り返しながら、大移動を行った。そして、湖南・江西の省境地域へと到達した。

一九二七年十二月、広州コミューンは革命運動の炎で燃え上がり、多くの血が流されたが、それでもソヴィエトのための戦いの赤い旗を高々と掲げた。

紅四軍の組織

毛沢東軍は、一九二八年の中頃、古参の中国の革命家、ボリシェビキで、苦力出身の朱徳同志の部隊と合流し、そこから、江西の中国紅軍の未来の中心となる紅四軍が生まれた。

ソヴィエト闘争における紅四軍の英雄的な日々が始まった。敵を撃滅したり、敵を山へおびき寄せ壊滅させたりしながら、毛沢東と朱徳の第四軍は、不朽の名声を手にしたのだった。

一九二九〜三〇年――中国革命運動の新たな高揚

都市でストライキ運動が増加し、共産党組織が強固となった。江西省では、強力なソヴィエト区が創設された。毛沢東は、ソヴィエト運動の有名な指導者のひとりだった。

健康状態が悪かったにもかかわらず、毛沢東は、前敵委員会のリーダーだった。彼は、様々な宣伝活動の学校を組織し、とりわけ、捕虜兵のための短期間の教程は、彼が主導したものだった。

毛沢東は、農業問題の解決を指導し、地主の土地の没収と土地の再分配を実際に指導していた。

一九三〇年秋、中国のソヴィエト区に対する国民党の侵攻が始まった。蔣介石による最初の討伐戦は敗北に終わった。さらに第二回、第三回の討伐戦も無残に失敗した。

一九三一年十一月七日、江西の中央ソヴィエト区の首都であり、かつては府であった瑞金において、中華ソヴィエト第一回代表大会が行われた。憲法、そして土地、労働などに関する主要な法律が採択された。中華ソヴィエト共和国の存在が全世界に向けて宣言された。中央政府が選出された。毛沢東は、中央執行委員会主席であり、中華ソヴィエト共和国の最初の主席となった。

蔣介石の第四回と第五回の二度にわたる討伐戦も敗北に終わった。一九三三年八月から九月にかけて、六度目の討伐戦が始まったが、その際には、帝国主義者たちも直接参加していた。

一九三三年九月六日、毛沢東は全世界の労働者に対して、国民党および帝国主義と戦う中国革命への支援を呼びかける宣言を発表した。

若い中華ソヴィエト共和国は、蔣介石とドイツ人顧問のフォン・ゼークト将軍の軍に包囲されるという、厳しい戦いを行わねばならなかった。にもかかわらず、一九三四年一月に中華ソヴィエト政府は第二回全国代表大会を開催することに成功し、毛沢東は長大な活動報告を読み上げた（一九三四年九月二十五日『国外』第二七号に掲載）。

「中国ソヴィエト革命の勝利は、単に四億の中国民衆の解放であるばかりでなく、東洋のすべての被抑圧民族が帝国主義の鎖から解き放たれる先駆けである。〔……〕それにより、日本および他の帝国主義が東部戦線からソ連に進攻しようとするもくろみは打ち砕かれ、世界のプロレタリア革命の勝利の時期は大いに近づくことになるであろう。」

毛沢東はソヴィエト第二回代表大会で以上のように語っている。

しかし、革命の勝利が決して自然に手に入るものでないことは、毛沢東もよく理解している。それゆえに、すでに七年前に、先ほど引用したパンフレット〔湖南農民運動考察報告〕で、彼は次のように書いているのだ。

「革命とは、客を招いてごちそうすることでもなければ、文章を練ったり、絵を描いたり、刺繍をしたりすることでもない。そんなお上品でおっとりとした、雅やかなものではない。」

ソヴィエト中国のこの指導者は、中国農民の服を身にまとい、油紙の大きな傘を手にする革命家なのだ。

＊〔 〕内の言葉は石川が補ったものである

参考図書・参考文献

Edgar Snow, *Red Star over China*, first revised and enlarged edition, New York: Grove Press, 1968.（松岡洋子訳『中国の赤い星』ちくま学芸文庫版、筑摩書房、一九九五年）現在は絶版（出版社品切）のようだが、ネットショップでは購入可能

池原麻里子「『中国の赤い星』スノー未亡人の激白／夫、エドガー・スノーは毛沢東に騙されていた」『諸君』二〇〇六年六月号

石川禎浩「『中国の赤い星』再読」、石川禎浩編『現代中国文化の深層構造』京都大学人文科学研究所、二〇一五年

石川禎浩「『毛沢東伝略』作者考──兼論莫斯科出版的幾種早期毛沢東伝記」『党的文献』二〇一六年第二期

今村与志雄「毛沢東の顔」『中国』四九号、一九六七年

ニム・ウェールズ『中国に賭けた青春──エドガー・スノウとともに』春名徹・入江曜子訳、岩波書店、一九九一年

江田憲治「エドガー・スノー」『講座　東アジアの知識人』第五巻、有志舎、二〇一四年

汪衡訳、丁暁平編校『毛沢東自伝──中英文挿図影印典藏版』中国青年出版社、二〇〇九年

呉殿堯『劉鼎伝』中央文献出版社、二〇一二年

エドガー・スノー『目覚めへの旅』松岡洋子訳、紀伊國屋書店、一九六三年

エドガー・スノー『中共雑記』小野田耕三郎・都留信夫訳、未来社、一九六四年

エドガー・スノー『今日の中国──もう一つの世界』松岡洋子訳、筑摩書房、一九六三年

斯諾〔スノー〕『西行漫記』王厂青等訳、上海　復社、一九三八年
斯諾〔スノー〕『西行漫記（原名　紅星照耀中国）』董楽山訳、生活・読書・新知三聯書店、一九七九年
中共中央文献研究室編『毛沢東年譜（修訂本）』全九巻、中央文献出版社、二〇一三年
張国柱等『塵封的紅色経典――早期毛沢東伝記版本図録』陝西人民出版社、二〇〇八年
張小鼎「『西行漫記』在中国――『紅星照耀中国』幾個重要中訳本的流伝和影響」『出版史料』二〇〇六年第一期
丁暁平『解謎『毛沢東自伝』』中国青年出版社、二〇〇八年
程宸編『毛沢東自伝珍稀書影図録』国家図書館出版社、二〇〇九年
長堀祐造『魯迅とトロツキー――中国における『文学と革命』』平凡社、二〇一一年
波多野乾一『現代支那の政治と人物』改造社、一九三七年
波多野乾一編『資料集成中国共産党史』全七巻、時事通信社、一九六一年
花原二郎ほか編『学問の人　宇佐美誠次郎』青木書店、二〇〇〇年
エドガー・ポーター『毛沢東の同志馬海徳先生　アメリカ人医師ジョージ・ハテム』菅田絢子ほか訳、海竜社、二〇一〇年
村松梢風「宋美齢――続南京夢物語」『中央公論』臨時増刊号、一九三七年十二月
ユン・チアン、J・ハリデイ『マオ――誰も知らなかった毛沢東』土屋京子訳、講談社、二〇〇五年
Hamilton J. M., *Edgar Snow: A Biography*, Indiana University Press, 1988.
Klehr H., et al. eds., *The Soviet World of American Communism*, Yale University Press, 1998.
Pantsov A., Levine S., *Mao: the Real Story*, New York: Simon & Schuster, 2012.
Thomas B., *Season of High Adventure: Edgar Snow in China*, University of California Press, 1996.
Wales N., *My Yenan Notebooks*, Helen F. Snow, 1961.

あとがき

毛沢東研究は、相当にハードルの高い領域である。その生前からかれをめぐって蓄積されてきた膨大な量のイデオロギー的言説が、あるいはそうした言説自体に対する違和感や拒否反応が、かれを論ずることを難しくさせている。中国現代史における毛沢東の重要性は理解しているつもりだが、実際に自分が研究するのはちょっと……というのが、二十一世紀における日本の中国研究者の大勢である。

もう一つのハードルは、中国で行われてきた膨大な量の研究の存在である。むろん、それらは中共による革命史観の枠の中で行われてきたものであるから、限界は確かにある。だが、そこは何と言っても本家本元、資料の面で中国が持っている優位性は圧倒的である。毛の資料は、特に国家指導者となって後の関連文書は、公開・非公開の裁量を含め、中国共産党がそれを独占的に管理しており、外国の研究者はおろか、中国国内の研究者でも自由にアクセスできるような状況にはない。つまり、毛をめぐる研究は、一方でイデオロギーという二十世紀の手垢にまみれ、かつ資料面でも中国には容易に太刀打ちできないというわけである。

そうなると、外国の研究者はどうやって毛を研究すればよいのか。毛の生涯を少々調べて、まとめてみたところで、中共歴史部門の専門家に「外国人にしては、よくやっているね」とお褒めの言葉を頂戴するのが関の山である。かと言って、中国国内では発表できないような毛のタブーやマイナス面をことさらに取りあげて、独自の研究だと居直るのも、気が進まない。そんな毛沢東研究なら、できれば最初から敬して遠ざけたい、それが中国国外の研究者多数の本音だろう。

だが、毛沢東を論じることを抜きにして、現代中国がわかるだろうか。日本では毛の一面だけを取りあげた伝記が時おり出版されては、話題を呼ぶが、その程度のもので毛とかれの生きた時代がわかるだろうか。さらに言えば、毛をかれの生きた時代の空気や価値観、世界観と合わせて理解することは、イデオロギーの時代が遠い過去のものになりつつある今、どんどん難しくなっており、遠からず不可能になるだろう。今の時点で毛の研究をやっておかねば、次の世代は毛を研究する基本的な素地すら持てなくなってしまう。そんなことをあれこれ考え、勤務先の京都大学人文科学研究所で行う共同研究班のテーマとして、「毛沢東に関する人文学的研究」を掲げ、研究を呼びかける檄を発したところ、幸いにして、三十名ほどの「同志」が呼応してくださった。かくて、二〇一五年四月に三年計画で発足した毛沢東研究班は、現在隔週一回の割合で研究例会を開催し、研究報告や情報交換の場となっている。本書は、この共同研究班での活動や討議から生まれ出たものである。「外国人にしては、よくやっている」という水準のものを超え、かつ現代中国に関心をもつ広範囲の人にも読んでもらえるような内容にしたつもりであるが、果たしてどうか。大方のご指正、ご批判を仰ぐ次第である。

本書を書くためにお世話になった方は多い。まずは、関連資料の収集に協力してくれた方々、特に困難の多かったロシア語書籍、雑誌の収集に協力してくれたA・パンツォフ氏（米オハイオ州・キャピタル大学教授）とI・ソトニコワ氏（ロシア科学アカデミー極東研究所研究員）のお二人には、大変にお世話になった。実は、自身も毛沢東伝の著者であるパンツォフ教授は、本書で紹介した旧ソ連の中国研究者エレンブルグ（国外で最初の毛沢東伝を執筆）の令孫にあたる。パンツォフ教授は、祖父が一九三四年にお書きになったそのロシア語版毛伝を筆者に提供し、その公表を許してくれた。また、日本では、これまた本書で紹介した波多野乾一（太っちょ毛沢東の写真の紹介者）の令孫で、京劇研究者でもある波多野眞矢氏が、筆者の求めに応じて関係資料を調査し、乾一氏の写真を提供して下さった。本書執筆のための資料調査の過程で、それぞれソ連と日本で、毛沢東研究に先鞭をつけた二人の中国研究者のお孫さんが、奇しくも共に中国研究の道を歩んでいることを知り、何か因縁めいたものを感じたことであった。お二人には、改めて深い感謝を申し上げたい。このほか、波多野乾一旧蔵図書については、東洋文庫に受贈目録を提供していただいた。

また、エドガー・スノーの陝北取材の資料、ならびにかれとウェールズの撮影した写真・ネガについては、二〇一三年から翌年にかけて、それを収蔵するアメリカのミズーリ大学カンザスシティー校の文書館、ユタ州のブリガムヤング大学文書館、およびカリフォルニア州のスタンフォード大学フーバー研究所に出向き、調査を行ったが、快く資料の撮影を許してもらった。多数の図像、写真を扱う本書のような本の執筆には、こうした文書館、図書館の協力が欠かせないことを痛感した次第である。

最後になるが、編集者として本書の初稿を読み、貴重な意見を寄せて下さった臨川書店の工藤健太さんにも、感謝申し上げる。イメージを扱う関係上、図版が多く、かつ前後を参照しなければならないような本書が、読みやすく仕上がっているとすれば、それはひとえに編集によって読みやすさを増してくれた工藤さんの功績である。
今年は、毛沢東が世を去って四十年、そのかれが文革を発動して五十周年にあたる。文革と毛の逝去は、いずれもそれ自体が中国現代史上の大事件であった。むろん、そうした節目に合わせたわけではないが、京大人文研東方学叢書の第一弾として、毛に関する本をこの年に、こうして執筆、刊行できることを心よりうれしく思っている。

二〇一六年八月

石川禎浩

索　　引

頻出語の「スノー」「中国共産党」「中国の赤い星（西行漫記）」「毛沢東」の4語については、単独語として立項していない。

あ行

か行

さ行

た行

な行

は行

ま行

や行

ら行

図版リスト　キャプション（出所）

28 ハマダン『中国人民の英雄的指導者』の毛沢東（Хамадан, *Вожди и герои китайского народа*, Москва, 1936）
29 『チャイナ・トゥディ』の毛沢東（*China Today*, 1936年4月）
30 エレンブルグ（*Словооб Учителях — Московские востоковеды 30–60–х годов*, Москва, 1988）
31 『国外』31号の「毛沢東――略伝」（*За рубежом*, No.31, 1934年11月）
32 「毛主席 安源へ行く」（『毛主席　美術巻』人民美術出版社、2015年）
33 雨傘を背負って行軍する中国兵（http://humus.livejournal.com/2630801.html）
34 『ソヴィエトだけが中国を救える』の表紙（『艱難与輝煌』国家図書館出版社、2012年）
35 高自立（*Китайские революционеры в советской России (1920–1930–е годы)*, Москва, 2015）
36 1938年に撮影された井崗山幹部たちの集合写真（中国革命博物館編『紀念毛沢東』文物出版社、1986年）
37 山本實彦『支那』の「毛沢東」（山本實彦『支那』改造社、1936年）
38 山本實彦『支那』の「朱徳」（山本實彦『支那』改造社、1936年）
39 『中国におけるソヴィエト　資料文献集』の朱徳（*Советы в Китае: сборник материалов и документов*, Москва, 1934）
40 1922年の朱徳（http://dangshi.people.com.cn/n/2015/0427/c85037-26908885.html）
41 『今日の革命中国』の朱徳（*La Chine révolutionnaire d'aujourd'hui*, Paris, 1934）
42 『中華ソヴィエト第二回代表大会』の朱徳（*Второй Съезд китайских советов*, Москва, 1935）
43 コミンテルン機関誌（1935年）の朱徳（*Коммунистический Интернационал*, 1935年12月）
44 『チャイナ・トゥディ』の朱徳（*China Today*, 1934年11月）
45 『時事新報』1933年9月4日
46 『東京日日新聞』1937年1月16日
47 『アサヒグラフ』1936年4月
48 『世界知識』1936年6月
49 進士槇一郎「『赤豹』毛沢東伝」（『世界知識』1936年6月）
50 1930年代半ばの波多野乾一（波多野眞矢氏提供）
51 『週報』の「紅軍砲兵」（『週報』44号、1937年8月）
52 『救国時報』の「紅軍炮兵之一部」（『救国時報』1937年4月15日）
53 『ライフ』に掲載された紅軍の砲兵（*Life*, 1937年2月1日）
54 毛沢東イメージの変遷
55 『世界知識』1937年7月号
56 『改造』1937年6月号

石川禎浩（イシカワ　ヨシヒロ）

1963年山形県生まれ。京都大学大学院文学研究科史学科修士課程修了後、京都大学人文科学研究所助手、神戸大学文学部助教授を経て、現在は京都大学人文科学研究所教授。京都大学博士（文学）、専攻は中国近現代史。主な著書に『革命とナショナリズム 1925-1945』（岩波書店、2010）『中国共産党成立史』（岩波書店、2001）などがある。

赤い星は如何にして昇ったか
知られざる毛沢東の初期イメージ
京大人文研東方学叢書 2

平成二十八年十一月三十日　初版発行
平成三十年二月二十八日　第二刷発行

著者　石川禎浩
発行者　片岡敦
印刷製本　尼崎印刷株式会社

606-8204 京都市左京区田中下柳町八番地
発行所　株式会社　臨川書店
電話（〇七五）七二一-七一一一
郵便振替　〇一〇七〇-二-八〇〇

落丁本・乱丁本はお取替えいたします
定価はカバーに表示してあります

ISBN 978-4-653-04372-0　C0322

［ISBN 978-4-653-04370-6　セット］

京大人文研東方学叢書　刊行にあたって

京都大学人文科学研究所、通称「人文研」は、現在東方学研究部と人文学研究部の二部から成り立っている。前者の東方学研究部は、一九二九年、外務省のもとで中国文化研究の機関として発足した東方文化学院として始まり、東方文化研究所と改名した後、一九四九年に京都大学の附属研究所としての人文科学研究所東方部になり今日に至っている。

第二次世界大戦をはさんでの九十年間、北白川のスパニッシュロマネスクの建物を拠点として東方部は、たゆまず着実に東方学の研究をすすめてきた。いうところの東方学とは、中国学（シノロジー）、つまり前近代中国の思想、文学、歴史、芸術、考古などであり、人文研を中心としたこの学問は、「京都の中国学」、「京都学派」と呼ばれてきたのである。今日では、中国のみならず、西アジア、朝鮮、インドなども研究対象として、総勢三十人の研究者を擁し、東方学の共同利用・共同研究拠点としての役割を果たしている。

東方学研究部には、国の内外から多くの研究者が集まり共同研究と個人研究をすすめ、これまで数多くの研究成果を発表してきた。ＺＩＮＢＵＮの名は、世界のシノロジストの知るところであり、本場中国・台湾の研究者が東方部にきて研究をおこなうということは、まさに人文研東方部が世界のトップクラスに位置することを物語っているのだ、と我々は自負している。

夜郎自大という四字熟語がある。弱小の者が自己の客観的立場を知らず、尊大に威張っている意味だが、以上のべたことは、夜郎自大そのものではないかとの誹りを受けるかもしれない。そうではないことを証明するには、我々がどういった研究をおこない、その研究のレベルがいかほどのものかをひろく一般の方に知っていただき、納得してもらう必要がある。

別に曲学阿世という熟語もある。この語の真の意味は、いい加減な小手先の学問で、世に迎合するということで、その逆は、きちんとした学問を身につけて自己の考えを述べることであるが、人文研の所員は毫も曲学阿世の徒にあらずして、正学をもって対処してきたこと、正学がいかに説得力をもっているのかも、我々は世にうったえて行かねばならない。

かかる使命を果たすために、ここに「京大人文研東方学叢書」を刊行し、今日の京都学派の成果を一般に向けて公開することにしたい。

第一期世話人　冨谷　至

（平成二十八年十一月）